JN410080

빨랫줄에 걸린
추억 한 자락

장희자 수필집

교음사

|책을 내며|

'한국인은 책을 읽지 않는다.' 하고 전자책이 대세라거나 독자보다 작가가 더 많다는 역설적인 시대에 작품집 내는 일이 많이 망설여졌습니다.

살아가면서 가슴 설레는 일이 점점 줄어듭니다.

해를 거듭할수록 글쓰기가 더 어려워서 충전의 기회로 생각하였습니다.

"요즘도 글 써?"

"그러잖아도 머리 아픈 세상에 골칫덩어리 글을 뭐 하러 쓰니."

친구의 말을 들으니, 머리 아픈 세상이기에 글쓰기에 몰입하는지도 모릅니다.

글쓰기를 통해 기쁨은 오래 간직할 수 있고 가슴속의 응어리는 풀어낼 수 있어서 좋습니다.

코로나19로 여러 행사가 취소되고, 약속이 미루어져, 집에 있는 시간이 늘어, 자신과 소통하고, 자신을 위로하고, 스스로 치료하며 글쓰기의 참모습을 보여야 할 때란 생각이 들었습니다.

책을 읽고 글쓰기에 몰입하면서 삶을 돌아보고 깨우쳐 갑니다.

우리는 혈연(血緣), 학연(學緣), 지연(地緣) 또는 동아리 모임…. 많은 퍼즐 조각을 맞추며 살고 있습니다. 나의 퍼즐 조각은 삐걱거림 없이 제자리에 잘 맞춰 있나 되짚어 봅니다.

강원도 문화재단의 도움으로 일곱 번째 작품집을 내게 되었습니다.

먼 데서 또는 가까이 계신 문우님이 보내주신 작품집이 쌓일 때마다 마음의 빚으로 남았는데 경제적인 부담 없이 작품집을 보내드리게 되어 빚을 갚는 심정입니다.

글이란 어렵게 쓰고 쉽게 읽혀야 좋은 글이라 합니다. 욕심부리지 않고, 자만심에 빠지지 않고, 언제 마셔도 숭늉같이 편안한 글, 독자가 시간 낭비했다 하지 않고 고개를 끄덕이는 글, 한 줄이라도 독자의 가슴에 남는 글을 쓰도록 노력하겠습니다.

아이들에게 엄마가 열심히 살았다는 삶의 흔적을 남깁니다. 거북이처럼 뚜벅뚜벅 걸어가겠습니다.

부족한 글 읽어 주셔서 고맙습니다.

2024. 4. 저자 **장희자**

차례

2. 어머니에게 자식은 생명의 끈이다

3. 볕 좋은 날 고추장을 담았다

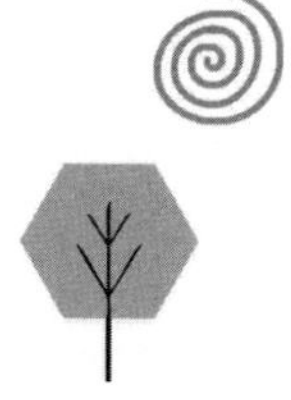

4. 아름다운 마무리를 위하여

1

모탕과 나무 도마

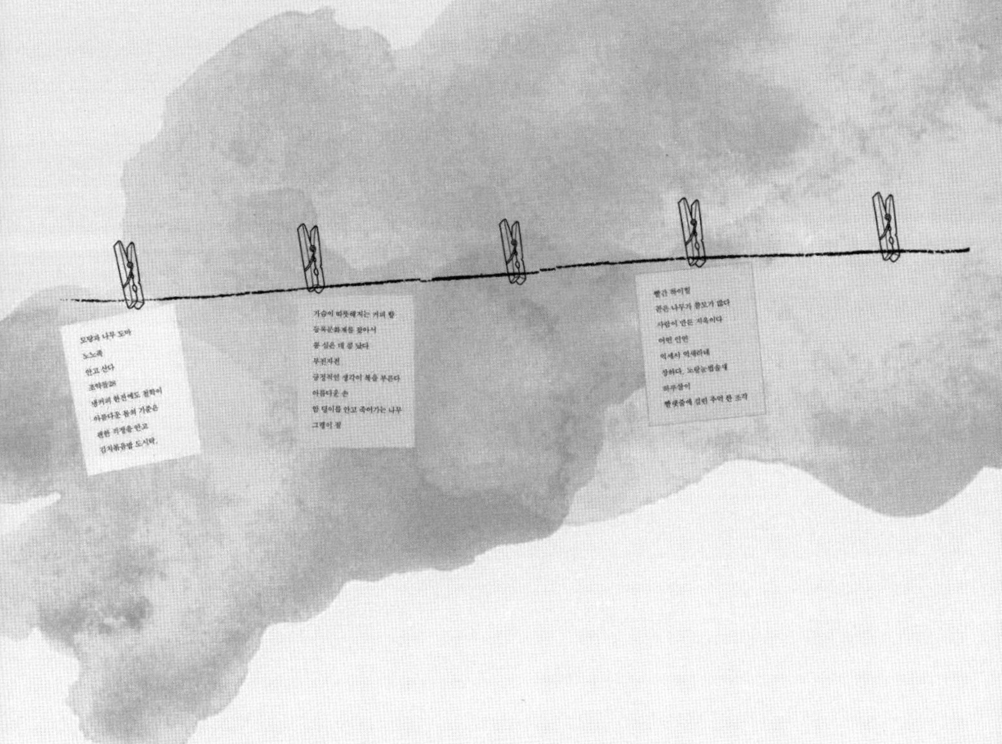
모탕과 나무 도마
노노족
안고 산다
냉커피 한잔에도 철학이
아름다운 봄의 기운은
김치볶음밥 도시락.
가슴이 따뜻해지는 커피 향
등록문화재를 찾아서
콩 심은 데 콩 났다
부전자전
긍정적인 생각이 복을 부른다
아름다운 손
한 덩이를 안고 죽어가는 나무
빨간 하이힐
사람이 만든 지옥이다
어떤 인연
하루살이
빨랫줄에 걸린 추억 한 조각

모탕이 할 일이 있고, 도마가 할 일이 있으며 사람이 할 일이 있다. 요즘은 생선과 육류를 썰어주기 때문에 도마를 쓸 일이 많지 않다. 도마를 쓸 일이 적으니, 에너지가 밖으로 뻗어 참을성이 부족한가 보다. 때로는 부서지고 떨어져 나가는 아픔이 있어도 자기 성찰의 시간이 지나면 새롭게 태어난다.

모탕과 나무 도마

친구의 시댁이 있는 시골로 나물을 뜯으러 갔다. 산나물이 아직 어려서 축대 밑에 있는 돌나물을 뜯고 고들빼기를 캐는데 마당 한쪽 구석에 웅크리고 있는 모탕이 눈에 들어왔다. 반세기 만에 모탕을 대하니 초등학교 동창생을 만난 듯 반갑다.

모탕은 나무를 패거나 톱질할 때 편의를 위해 밑에 받쳐 놓는 나무받침대다. 나무를 모탕에 비스듬하게 걸쳐놓고 톱질하면 허리를 덜 굽혀 쉽게 자를 수 있고, 도끼로 내리칠 때 튀어 나가지 않게 잡아주는 역할을 한다.

모탕은 마당 귀퉁이서 눈과 비를 온몸으로 맞으며 자리를 지켜야 하는 운명을 타고났다. 휘거나 옹이를 불평하지 않고, 허리에 도끼가 꽂힐 때마다 살점이 뜯기고 부서져도 묵묵히 자신의 임무를 다한다. 넉넉한 집이면 힘든 만큼 신이 나지만, 가난한 집은 스스로 아궁이에 뛰어들어야 할 만큼 안타깝다.

나무가 도끼날을 받아주지 않고 튀면 손아귀가 아프고 엇나가 부스러진다. 노련한 나무꾼은 도끼를 내리칠 때마다 모탕과 호흡을 맞추며 단번에 쪼개지만, 서툰 나무꾼은 애꿎은 모탕만 찍는다. 모탕이 움푹 파이면 나무토막이 편하게 자리를 잡아 도끼날이 정확하게 맥을 찾아 단번에 쫙 갈라졌을 때 희열을 느낀다. 파이고 부서지면 아궁이에 던져져 불꽃으로 생을 마감한다.

모탕을 대하니 시골 생활이 서툴러 힘들어하시던 아버지의 모습이 떠올랐다. 일에는 관심 없고 책을 들고 계신 아버지를 어머니는 신선놀음한다고 영 못마땅해하셨다.

시골 생활 중에서도 땔감을 마련하는 일이 가장 큰 일이다. 산판에서 사 온 나무를 마당 가득 부려 놓고 일꾼을 사서 장작을 팼다. 해가 기울 때쯤이면 온 식구가 나와 마당에 널린 장작을 주워다 추녀 밑과 마루 밑에 쌓는 일을 하였다.

나무마다 결이 다르고 자라는 환경이 달라 쉽게 쪼개지는 나무가 있고 단단해서 도끼가 나무에 끼어 잘 빠지지 않는 나무가 있다. 좋은 씨라도 돌이 뿌리의 성장을 막거나, 바람맞이에 있으면 곧게 쑥쑥 크지 못하고 몸이 틀어질 수밖에 없다. 많이 휜 나무는 모탕도 거부한다.

나무 도마는 모탕의 사촌쯤 되지 않을까? 모탕이 남자들의 전유물이라면 도마는 여자들의 전유물이다. 도마는 깎여 나가는 아픔을 참으며 뜨겁고 찬 것, 매운맛, 재료들의 냄새까지 품어야 하는 운명을 타고났다. 숫돌로 날을 세운 시퍼런 칼이 닿을 때마다 조금씩 패여 나가서 도마의 중앙이 우묵해진다. 파인 곳을 피해 옆으로 옮겨가며 칼질하지만, 김치를 썰 때는 국물이 밖으로 흐르지 않아 편하기도 하다.

끼니때뿐만 아니라 수시로 꺼내는 도마에는 주부의 한이 담겨있다. 많은 식구와 부딪히며 사는 삶이 어디 좋기만 하겠는가? 발로 찰 부엌 강아지라도 있으면 다행이겠지만, 그마저 없다면 칼을 쥔 손에 힘에 들어가 애꿎은 도마가 파여 나갈 수밖에.

어른을 공경해야 하는 일, 남존여비 사상과 힘든 시집살이, 배고픈 설움까지 속으로 삭여야 할 일이 좀 많은가! 매운맛이 눈을 자극해 눈물이 흐르지만, 차마 견디기 힘든 세월을 비집고 올라오는 서러운 감정을 칼과 도마가 다독여 주기도 한다. 넉넉한 살림이면 또각또각, 똑 똑똑 칼과 맞춘 리듬에 흥이 난다. 때로는 주부의 신바람이 가족의 화목과 건강을 지켜준다.

모탕이 할 일이 있고, 도마가 할 일이 있으며 사람이 할 일이 있다. 요즘은 생선과 육류를 썰어주기 때문에 도마를 쓸 일이 많지 않다. 도마를 쓸 일이 적으니, 에너지가 밖으로 뻗어 참을성이 부족한가 보다. 때로는 부서지고 떨어져 나가는 아픔이 있어도 자기 성찰의 시간이 지나면 새롭게 태어난다.

움푹하게 팬 모탕 앞에 서니 일을 익히기 위해 애쓰시던 아버지의 모습과 대통령 선거를 위해 의복을 갖춰 입고 체육관으로 향하시던 꼿꼿한 모습이 떠올라 눈시울이 뜨거워졌다.

돌나물을 한 사발 뜯었다. 돌나물김치를 담고 고들빼기를 새콤달콤하게 무쳐 어머니가 해주시던 봄맛을 살려야겠다.

노노족

노(No), 노(老) 족은 영어와 한자의 합성어다. 건강한 체력을 바탕으로 젊은이 못지않게 활동하는 노인을 노(No), 노(老), 족이라 부르며 존경한다.

연말 회식 자리에 갔더니 옆 자석 어르신들이 술잔을 높이 들고 "나. 만. 좋. 아" 하고 외치신다. 너 가 아닌 "나만 좋아" 뭔가 좀 어색한 것 같아 어리둥절했는데 "나이 먹을수록, 만족하며, 좋은 사람을, 아껴주자." 하지 않는가. 참 멋진 구호라는 생각이 들어 노(No), 노(老) 족에 관심이 가서 입속으로 중얼거려 보았다.

친정에 갔다가 오는 길이었다. 친정은 지도상으로 그리 멀지 않지만, 교통이 불편하다. 시골 버스는 자주 없어서 차 시간을 놓치면 기다리는 시간이 길어진다. 추운 날씨에 이것저것 챙겨준 짐을 들고 기다리다가 버스에 올랐는데 버스마저 좌석이 없어서 한 시간 넘게 서 있었다.

버스에서 내려 커피를 마시며 쉬어가고 싶은데 어중간한 시간에

낯선 동네에서 혼자 앉아 차를 마시는 것이 편치 않아 빈자리를 기대하고 전철에 올랐다. 출발역인데도 빈자리가 없다. 면면히 살펴보니 어르신들이 앉아서 대화를 나누는 모습이 보였다. 그 어른들이 경로석에 앉았다면 나는 편히 앉을 수 있는데, 비켜달라고 할 수 없으니 참으로 원망스러웠다.

삶은 제 마음처럼 살아지는 것이 아니다. 한 치 앞을 내다볼 수 없는 것이 사람이지만 젊은 패기로 입찬소리하였다가 나이 들어 후회할 일이 생기면 감당하기 힘들어진다.

나잇값 하며 살기가 얼마나 어려운가! 마음이 49세라고 행동도 그와 같다면 어른답다고 하겠는가. 말없이 자리만 지키고 있어도 자연히 질서가 잡히는 그런 어른을 존경한다. 입이 하나면 귀가 둘이니 고집부리지 말고 머리를 끄덕이며 남의 말을 경청하란다. 청(聽)자를 풀어쓰면 왕의 귀로 듣고(耳+王), 열 개의 눈(十+目)으로 보고, 하나의 마음(一+心)으로 대한다는 뜻을 지니고 있다.

나이가 든다는 것은 단순히 나이테만 느는 것이 아니라 경험을 바탕으로 지혜가 늘어야 한다. 라틴 속담에 '죽음을 기억하라. 현재를 즐겨라.' 하는 말이 있다. 모든 만남은 이별이 있기에 어쩌면 이번 만남이 마지막이 될지도 모르니 최선을 다해야 한다는 교훈이 담겨 있다. 만남뿐만 아니라 하는 일도 지금이 가장 중요하니 최선을 다하라 한다.

장수한다고 좋은 것만은 아니다. 해바라기씨같이 촘촘하던 인연들이 하나씩 빠져나가면 외롭다. 자유롭게 외출하고, 먹고 싶은 음식을 달게 먹고, 남의 도움을 받지 않고 생활을 할 수 있어야 한다.

나이 들면 눈치가 빨라서 낄 때와 빠질 때를 알아야 한다. 있어야 할 자리가 아닌데 다리 뻗고 뭉개면 잡초가 된다. 인두로 저고리 깃을 돌려가며 지그시 누르듯 위로만 뻗는 욕심은 눌러주어야 대접받는다.

요즈음은 사회복지가 잘 돼 있어 마음만 먹으면 복지관, 문화원, 주민자치센터, 대학의 평생교육원 등 배움의 길이 열려있고 취미생활을 할 수 있는 동호회가 많다. 노(老)티가 날까 치열하게 몸을 가꾸고 페이스북, 인스타그램에 자신의 사진을 올리며 젊게 살려 하는 노인층이 늘어나고 있다.

행복이란 어떤 이상을 이룩하거나 목적을 추구하는 과정에서 얻어지는 것이 아니라 평범함에 있다. 건강을 바탕으로 젊은이 못지않게 활동하며 노(No), 노(老), 족으로 거듭나야 하지 않겠는가. 노(No). 노(老) 족이 대접받는 날이 올 것이다.

가슴에 불덩이를 안고 산다

한파주의보가 닷새째 이어지고 있다. 집안일을 끝내고 나서 커피잔을 들고 텔레비전을 틀었다. 이태원 참사자들 49재 행사와 시위하는 모습이 떴다.

이태원 참사 희생자 모두의 사연에 한 번 덴 가슴은 냉수를 벌컥벌컥 마셔도 가라앉지 않았다. 파문은 물결에만 있는 것이 아니다. 세월이 흘러도 자식을 가슴에 묻은 사람은 사고 소식을 들을 때마다 가슴에 파문이 일어 숨이 턱 막힌다.

벚꽃이 지천인 날, 하늘이 무너지는 소리를 믿을 수 없었다. 관세음보살님 제 목숨과 바꾸어 주십시오. 응급실 바닥에서 쓰러질 때까지 절을 하였다. 벌떡 일어날 것 같았고, "엄마 학교 다녀왔습니다." 하며 들어설 것 같아 눈물 한 방울 나오지 않았다. 땅이 빙빙 돌고, 삼킨 물이 도로 올라왔다. 아니, 머릿속이 하얗게 비어 아무 생각도 나지 않았고 아무 소리도 들리지 않아 그냥 두 다리 뻗은 채 넋을 놓고 앉아 있었다. 삶의 끈을 놓아 버리고 싶은 순간이었다.

친지들은 딸의 물건을 없애라 하지만, 딸과의 인연이 끊어질 것 같아, 차마 없애지 못하고 딸의 체취가 느껴질 때마다 눈물을 쏟았다.

딸바보라던 남편은 눈물 한 방울 흘리지 않고 목석처럼 앉아 있었다. 허기지면 제 새끼도 잡아먹는 냉정한 동물의 세계가 생각나 소름이 끼쳤다. 아무렇지도 않게, 꾸역꾸역 밥 먹고 시간 맞추어 출근하는 모습이 미워 일부러 딸과의 추억을 들춰내며 상처를 주었다.

어느 날, 자정이 지났을 무렵, 초인종이 울려 뛰어나갔더니 경찰관이 만취한 남편을 부축하고 대문 앞에 서 있었다. 경찰 말로는 봉의산에서 괴성이 들린다는 신고가 들어와 가보니 과장님이 쓰러져 계셔 집으로 모시고 왔노라 하였다. 목이 쉬어 말은 못 하고 눈물 콧물이 묻어서 흙강아지가 된 얼굴, 손에는 딸이 좋아하던 으깨진 딸기가 들려 있었다.

깊은숨을 토하며 곯아떨어진 얼굴에는 몇 달 새 주름이 깊게 파이고 머리가 하얗게 세어 있었다. 가족 앞에서는 눈물조차 흘릴 수 없었던 남편. 얼마나 울었으면 잠결에도 어깨를 들썩이며 훅! 숨을 몰아쉴까.

밤이 깊어 가는데 잠이 오지 않아 뒤척이다 생각해 낸 것이 창고에 담아 둔 과실주였다. 눈물을 흘리며 과실주를 홀짝홀짝 마시고 있는데 "엄마, 죽은 자식만 자식이야, 엄마한테는 아들도 있고 딸도 있어, 내가 죽은 정미 몫까지 다 할게. 이렇게 울고 있으면 하늘에 있는 정미가 슬퍼해. 우리 더 열심히 살자." 큰딸이 울며 매달렸을 때, 정신이 번쩍 들었다. 엄마 가슴에 못질하고 엄마보다 먼저 가버린 못된 딸이라고 가슴 깊이 밀어 넣었지만, 가끔 냉수를 마셔야 속이 뚫린다.

이태원 사고로 가슴속에 불덩이를 안고 살아야 하는 사람에 연민이 간다. 이태원은 유명 클럽과 지하철인 이태원역 1번 출구가 있는 길목이라 외국인과 젊은 사람들이 많이 모이는 곳이다. 2022년 10월 29일 이태원 좁은 골목에서 핼러윈 축제를 즐기다 대형 사고가 났다. 이번 사고로 사망자 159명, 부상자가 151명이다. 3년 만에 실외에서 마스크를 쓰지 않는 해방감과 주말까지 겹쳐 좁은 골목에 많은 사람이 몰려 압사당한 사고다.

엄마와 손잡고 나선 16살의 중학생부터 40대까지 젊은 연령층이지만 대부분 20~30대다. 3대 독자, 12년 지기 친구를 잃었고, 딸과 아내, 처형을 한꺼번에 잃고 졸도했다는 가장, 대기업 입사통지서를 받은 장한 아들, 다섯 명의 친구가 나섰다가 세 명이 사고를 당했는데 옆에서 살려달라고 외치는 친구를 보고도 옴짝달싹 못해 바라보고 있었다며 눈물을 쏟는다.

잠시 즐기고 돌아올 줄 알았는데 영원히 가버렸으니 이 순간을 어찌 잊을 수 있겠나! 어미 배 속에서 함께 먹고 숨 쉬면서 열 달을 품었고 이십 년 넘게 사랑으로 키운 자식인데. 평생 품고 갈 못이 가슴에 박히는 순간이다.

옆집 할머니는 노인들이 죽고 젊은 애들이 살아야 하는데 너무 오래 살아서 미안한 마음이 든다, 하셨다. 세계 10위란 경제 대국에서 일어난 사고라고는 믿기지 않는다. 가족이 주검으로 돌아왔는데 아무렇지도 않게, 현장에서 촬영한 영상이 유튜브나 인스타그램에 올랐으니 얼마나 억울하고 슬플까? 나라와 국민이 지켜주지 못해 미안하다.

시대 따라 놀이문화가 바뀌고 있다. 단오에 그네를 뛰고 씨름하며 놀았고, 크리스마스 캐럴이 쾅쾅 울리는 시내를 친구들과 쏘다녔다. 어른들은 남의 생일에 너희가 왜 난리냐, 하셨다.

핼러윈 축제는 2010년부터 영어 유치원, 키즈카페, 캠프장에서 영업을 목적으로 어린이가 있는 집 가족을 모아 시작하였다. 종교적 축제가 한국에 들어와서 청춘들이 열기를 분출하는 축제로 변했다.

유치원에 다니는 손녀가 핼러윈 행사로 얼굴에는 호랑이 무늬 페인팅을 하고 이상한 옷차림을 한 사진을 보내왔다. 즐거워하는 손녀를 보니 외국에서 들어온 정체불명의 축제라고 못마땅하던 마음이 슬그머니 꼬리를 감췄다. 내 자식에게는 해주지 못한 일이 많은데 사진을 남겨준 유치원 교사가 고맙다는 생각까지 들었다.

출, 퇴근마다 떠밀려 한 발 짝씩 안으로 들어가는 버스 안, 키가 작은 사람은 중간에 끼어 숨쉬기조차 버거운 지하철 안, 지하철 계단을 떠밀려 오르니 과밀에 익숙해져서 위험을 감지하지 못할 수 있다.

누구의 잘못을 따지기 전에 사고의 정확한 진단이 먼저다. 경찰의 대처가 미흡했다. 하고, 이태원역 1번 창구를 폐쇄하지 않았다. 하고, 대통령실을 용산으로 이전해 사고가 일어났다 하는가 하면 외국 방문 중인 대통령 전용기가 떨어지라 비는 사람까지, 인간의 도리를 잊고 남의 탓이 넘쳤다. 대통령의 사과 담화와 7일 동안 애도 기간으로 관공서 직원은 검은 리본을 가슴에 달고 가능한 한 축제는 자제한다.

비난이나 분노보다 깊은 애도가 필요하다. 꽃이 활짝 피기도 전에 떨어진 그들의 넋을 위로하고 재발 방지를 위해 힘을 모아야 할 때다. 방송을 볼 때마다 눈물이 흐르고 허둥댄다. 일상으로 돌아올 날을 기다린다.

조약돌

대문을 열자, 집 안을 향해 파란 잔디 사이로 무채색 판석이 목화송이같이 다문다문 앉아 있다. 잔디와 벽 사이에는 매끄러운 검은 조약돌과 흰 조약돌이 곡선을 그리며 균형을 잡아주고 있다. 한 개를 집어 손가락으로 굴려본다. 손안에 쏙 들어올 만큼 작다.

물결이 돌을 얼마나 많은 세월 쓰다듬었으면 저리 동글동글하고 예쁠까! 그동안 지켜본 일과 들은 이야기는 또 얼마나 많겠는가. 수없이 구르고 부딪쳤는데도 잔주름 없는 둥근 얼굴은 금방 씻은 듯 깨끗하다. 고향이 어디일까?

화산이 폭발할 때 흘러나온 용암이 굳어 바위가 되고 오랜 풍화작용으로 바위는 깨졌다. 폭우는 조각난 바위를 낮은 곳으로 떠밀어 간다. 물결은 거친 숨을 뱉으며 돌을 가장자리로 밀어붙인다. 때로는 숨을 죽이며 큰 바위 뒤에 숨어 있기도 하고, 풀벌레 우는 밤이면 외로워서 눈물을 흘렸을 것이다. 긴 사연 가슴 깊이 담아두었지만, 흩어짐이 없다. 오랜 시간 인내한 결정체다.

작은 파도가 소곤소곤 속삭이고, 바닷물이 잘그락, 잘그락 노래하며 밀려가는 바닷가로 산책하러 나섰다가, 플라스틱 통을 들고 조약돌을 줍는 여인을 만났다. 관심을 가지니 조약돌이 크기는 물론 생김새와 색도 제각각이다. 무엇에 쓰나 물었더니 조약돌을 붙여 작품을 만든단다. 거실과 추녀 밑에는 조약돌로 만든 작품이 20개쯤 있다고 자랑한다. 물을 주면 햇빛을 받아 오묘한 빛을 띠는 조약돌의 매력에 빠져서 십 년 넘게 조약돌을 줍고 작품을 만든단다.

조약돌을 화분 위나 어항 밑에 깔아 놓은 것은 보았지만 작품을 본 적이 없으니 궁금하기도 하고 보고 싶기도 하다. 조약돌은 그림자가 긴 아침이나 오후에 더 잘 보여서 해가 뉘엿뉘엿할 때 한두 시간씩 줍는단다. 맘에 드는 조약돌을 주웠지만, 작품을 만들다 보면 주워 온 조약돌도 절반쯤은 쓸모가 없어 다시 제자리에 가져다 놓고 줍기를 반복한단다. 여인을 따라가며 나름대로 예쁜 조약돌을 주워 통에 넣어 주었다. 돌의 무게도 있고 허리가 아파서 생각보다 조약돌 줍는 일이 만만치 않다.

조약돌은 세월 속에 군더더기는 묻어 두고 바람 불 때마다 낮은 목소리로 노래하며 동글동글 웃는다. 난 아직 조약돌처럼 둥글고 매끄럽지 못하다. 김치나 과일주, 젓갈은 발효되고 삭아야 감칠맛이 나는데 삭일 새 없이 직설적으로 되받는 일이 많다. 남에게 해가 될까, 자신이 손해 보는 일을 하고 가끔은 후회한다. 옷을 사도 뒤집어 보고, 바느질선, 섬유질, 세탁 방법까지 꼼꼼하게 보지 않고 색과 디자인이 맘에 들면 결제한다.

급한 성격이니 조약돌 앞에서는 기를 펼 수 없다. 한평생 굴곡 없는 삶이 어디 있나! 세월에 무게를 얹어 모난 돌을 굴리다 보면 조약돌이 되어 반들반들 윤이 나고 부드러워지겠지.

파도에 수천 번 부딪치며 여기까지 온 조약돌을 집어 들고 짭조름한 바다 냄새를 찾는다. 조약돌에 관심을 보이니, 집주인은 중국산으로 건축재료상에서 사 왔다 한다. 공장에서 가공하여 판다는 말을 들으니, 맥이 빠졌다. 하기야 크기가 비슷하고 반질반질한 조약돌이 어디 그리 흔하겠나. 공장제품이기에 더 깨끗하고 윤이 나나 보다. 돈을 벌려면 시대를 앞서가는 혜안이 필요하다. 경제적인 논리와 편안함을 찾는 시대에 맞게 변하는 것이 어디 조약돌뿐이겠나?

조약돌 몇 개를 가져다 화분 위에 얹어 놓았다. 물을 주면 더 윤이 나는 조약돌처럼 내 마음의 조약돌을 굴려본다. 물결 따라 구르다가 황토물을 만나면 엎드려 있고, 바위를 만나면 돌아가는 지혜를 배우고 싶다.

냉커피 한잔에도 철학이 담겨야 한다

세상에 있는 모든 생명체를 삶아내려는 듯 덥다. 박물관 문화대학 강의가 끝난 후 메밀 칼국수가 맛있다는 칼국수 집을 향해 산을 넘어 교대 앞까지 걸어갔다. 허름한 집에서 뜨거운 메밀국수를 먹으며 땀으로 목욕했다. 아무리 이열치열이라고 하지만, 땀이 줄줄 흘러서 수저를 놓기 무섭게 밖으로 나와서 가로수 그늘을 의지해 버스정류장을 향해 걷는다.

"하나님은 우리를 사랑하십니다. 우리 모두 하나님을 믿고 천당 갑시다."

가로수 사이에 현수막이 걸렸고 파라솔 밑 테이블에서도 펄럭인다. 어깨띠를 두른 몇 명이 오가는 사람들을 쫓아다니며 냉커피를 나누어 주고 있다.

오늘같이 푹푹 찌는 날은 땀을 식혀줄 냉커피 한잔은 감로수일 것이다. 푹푹 찌는 날 공짜로 주는 냉커피 한잔이 얼마나 반가웠겠나. 한 무리의 젊은이가 우르르 모여 커피를 집어 가고 택시 기사도 정차해 커피를 달게 마신다.

조금 떨어진 정류장에는 빨대가 꽂혀있는 플라스틱 컵이 산처럼 쌓여있고 근처는 물바다를 이루고 있다. 몇 개는 바람에 날아갔는지 차도에서 굴러다닌다. 덥다고는 하지만, 컵에 가득 담긴 얼음까지 비우기는 벅차고, 얼음덩이만 남은 컵을 들고 다니는 것도 성가시다. 재활용할 수 있는 컵은 따로 모으고 남은 얼음을 모아 두었다가 잔디밭이나 가로수에 주면 좋으련만, 배려하는 마음 없이 전도하는 일에만 매달리니 차도에서 굴러다니며 운전을 방해하는 컵에는 관심 없다.

종교가 달라서도 아니며 바쁘기 때문도 아니다. 배가 부르기에 못 본 척 피해 지나쳤더니 쟁반을 들고 따라와서 먼 산을 보고 있는 내 앞에서 버스 안내판을 흘낏 보더니 "몇 번 버스를 타셔요." 묻는다.

나는 어떤 이유든 공짜는 탐탁하게 생각하지 않는다. 말이 길어질까, 못 본 척 서 있는 나나, 커피 나누기에 열중인 그분이나 불편한 마음은 매한가지다. 믿음은 강요할 성질이 아니라 신앙인이 자신을 낮추고 모범을 보이면 마음을 열 수 있다고 생각한다.

밤하늘에 빛나는 십자가를 보면 교회가 좀 많은가? 신학대학 졸업생이 과다 배출되는 것이 문제란다. 세력을 넓히는 것이 최고의 과제가 되겠지만, 물질만능주의, 세속주의, 상업주의, 실적주의 때문에 쇠락한다고 한다.

신도 수가 줄어들자, 전도하는 방편으로 아파트 앞 빈터에서 밀전병을 부치며 오가는 사람에게 나누어 주고, 터미널 앞에서 커피를 주고, 시장에서 일회용 물티슈나 부채를 나누어 준다. 목마를 때 커피 한 잔은 감로수며, 물티슈도 요긴하게 쓰지만, 얼마나 많은 사람이 그들의 말에 귀를 기울일까?

나라가 어지러워지거나 국민 삶이 팍팍해지면 종교 숫자가 늘고 신앙인이 늘어난다. 종교 지도자는 보통 사람과 달리 낮은 곳일수록 고개를 숙여야 한다. 종교 지도자가 역사에 청백리로 이름을 남긴 맹사성처럼 청렴하고 겸손하면 거리에서 커피를 나누어 주며 신도가 줄어들까, 걱정하지 않아도 되겠다.

세종 때 최고의 재상으로 추앙받는 고불 맹사성은 19세에 장원급제하여 파주 군수로 발령받았다. 젊은 혈기에 얼마나 자랑스러웠겠나. 가르침을 얻고자 산속에 있는 스님을 찾아갔다. 스님은 "나쁜 일을 하지 말고 착한 일 많이 하라." 하는 말을 끝내고 더 이상 아무 말도 하지 않았다.

보통 사람도 다 아는 이 말 한마디를 듣자고 내가 먼 산속까지 찾아왔나, 하는 생각이 들어서 벌떡 일어나 발을 떼다가 문턱에 이마가 부딪쳤다. 스님은 "고개를 숙이면 부딪치지 않습니다." 하셨다. 큰 깨달음을 얻어 백성에게 허리를 굽혔고 가마꾼을 배려해 소를 타고, 다녔다. 전한다.

달리는 버스 안에서 생각에 빠졌다. 우리나라 커피 수입액이 년, 4조 원이나 된다는데 거리에서 모든 이에게 냉커피를 나누어 주는 것이 합당한가? 그 돈을 모아 전기료 걱정하는 쪽방 사람들에게 선풍기기라도 맘 놓고 돌릴 수 있게 도와주는 게 옳지 않은가. 종교 지도자가 맹사성만큼 고개 숙이면 존경받을 텐데! 세금 안 내고, 좋은 차를 타면서도 부끄러운 줄 왜 모르는가? 끝없이 떠오르는 오지랖으로 하루가 더 길고 덥다.

아름다운 몸의 기준은

매일 아침 건강한 남자의 기를 받으며 하루를 시작한다. 에너지가 흐르는 안정된 모습, 군살 없는 완벽한 몸매, 원초적인 인간의 모습이 저리 아름다울까? 균형 잡힌 조각상을 보면서 과연 저런 신체를 가진 사람이 몇이나 될까? 궁금해진다.

내 방 창문은 한림대 도서관 앞에 있는 다비드상과 마주한다. 근대 조각의 아버지라 불리는 미켈란젤로가 3년 만에 완성한 작품으로 원작은 아카데미아에 소장되어 있다. 다윗이 돌팔매 끝을 어깨에 메고 골리앗이 다가오기를 조용히 기다리는 모습이다.

다윗은 뛰어난 지혜로 이스라엘의 왕이 되었다. 이스라엘 왕 사울의 보좌관이었던 다윗이 필리스티아 족과의 전쟁에서 큰 공을 세우자, 욕망에 불탄 사울이 그를 죽이려 한다. 다윗은 돌팔매로, 거인 골리앗의 이마를 맞춰 승리를 거두었다.

누드 사진은 신체에서 나오는 아름다움과 주위 환경이 어우러져서 예술로 승화시킨다. 과연 여인의 누드 앞에서 젊은 남성 사진작가들은 초점이 흔들리지 않고 작품에만 열중할 수 있을까 늘 궁금했다.

사진에 관심이 있고, 사진작가인 친구가 있어서 전시회가 있을 때마다 찾아다니고 촬영 장소를 따라다니며 도우미를 자청했다. 다섯 명의 사진작가가 누드 촬영을 한다기에 조르고 졸라서 커피를 사겠다며 따라나섰다. 바람이 좀 부는 늦은 봄날 물가에서 촬영한다.

모델은 갈비뼈가 보일 만큼 비쩍 마른 큰 키에 한 뼘쯤 될 만한 하이힐을 신었고, 명암이 선명하게 화장하였다. 군살은 한 군데도 없고 가슴은 풍선처럼 빵빵하다.

자연과 어우러진 배경 탓인지 사진 속 모습이 실물보다 훨씬 더 자연스럽고 멋지다. 얼굴은 웃고 있지만, 입술이 파랗게 얼어 바들바들 떨고 있다. 작가들이 요구하는 포즈를 취하는 그들과 눈이 마주치는 것이 미안해서 자연스레 피하게 되었다. 매력적인 여성으로 보이지 않고 작품을 위해 설치해 놓은 인조인간 같다는 느낌이 들 정도로 차게 보인다.

조각으로 깎아 놓은 것 같이 균형 잡힌 몸과 뚜렷한 이목구비를 갖추었다면 보는 순간은 아름답게 보이겠지만 여성으로서의 매력은 없는 것 같다.

로마나 그리스 조각상은 신이나 전쟁에서 승리한 영웅, 운동경기의 승리자로 오만하고 도도해 보인다. 신화를 사실로 믿은 사람들은 신이 되길 원했고, 잦은 전쟁으로 용맹성을 강조하였다. 조각가는 철학과 인체해부학까지 공부하여 작품은 균형미가 있다.

카미유 레모니에는 '뭔가를 감추려는 순간 음란해진다.' 하였다. 예술을 위해 작가 앞에서 옷을 벗는 일이 정조라도 파는 듯, 끔찍하게 여기던 시절도 있었는데 누드화 앞에 많은 사람이 몰리는 것을 보면 국민의 정서와 눈높이가 높아져 예술작품으로 승화시킬 줄 아는 안목이 생긴 것이다.

다비드상처럼 신체의 비례가 맞으며 군살 없이 탄력적인 몸이 어디 흔하겠는가. 밤톨같이 윤이 나거나 병색이 짙어도 다가서기 쉽지 않다. 비쩍 마른 형은 날카로워 보이고, 적당히 굴곡지면서 풍만한 사람은 성격이 너그러울 것 같아 편안해 보인다. 나이 들면 자연스러운 주름도 연륜의 깊이가 있어 아름답게 보인다. 적당히 처지고, 흔들려야 사람 냄새가 난다.

현실의 이해타산에 얽매이지 않고 순수한 마음으로 살고, 육체적, 정신적, 사회적으로 건강할 때 행복하다. 나이 들어 머릿속이 훤하게 보이고 배가 나와 뒤뚱거린들 어떤가. 건강한 신체가 최고다. 자신 몸을 있는 그대로 사랑하자.

괜한 걱정을 안고

남편은 코로나19 때문에 답답한 일상 탈출로 낚시를 간다. 남편이 낚시를 떠난 후 뒷정리가 끝나면 나도 사나흘은 느긋하다. 누워서 뒹굴다가 배고프면 마당에서 상추 한 줌과 풋고추 몇 개 따와서 밥 먹고, 심심하면 마당 쓸고, 책을 뒤적거리거나 T.V 채널을 돌리며 시간을 보낸다.

어제까지 비가 오더니, 오늘은 해가 반짝 나서 초록이 싱그럽다. 솔 냄새와 새들의 노래가 그리워 봉의산으로 향했다. 한림대학은 조각상이 많아 학교를 한 바퀴 돌며 조각품을 감상하는 재미가 쏠쏠하다. 일성아트홀을 지나 봉의산을 향해 가파른 계단을 올라간다. 좁고 가파른 계단에서 낯선 사람과 마주치기 싫어서 사람이 있으면 기다리고 없으면 얼른 오른다.

산을 조금 오르니 옆길에서 올라온 사람이 앞서간다. 검은 모자와 헐렁한 검은 잠바, 검은색 일색이고 마스크를 썼으니 남, 여 구별이 안 된다. 벌어진 어깨와 팔자걸음을 보면 남자 같고, 헐렁한 옷을 입었지만, 앞가슴이 나온 듯도 하다. 천천히 따라가는데, 좀 걷더니 왼쪽 숲으로 몇 걸음 들어가 비켜서서 멈칫멈칫한다.

주의를 의식하지 않고 소변을 보는 뻔뻔한 남자를 만난 것 같아 난감하다. 흘깃 돌아보더니 고개를 숙이고 손이 지퍼 앞에서 꾸물거린다. 무시하고 지나쳐야 할까? 아니면 뒤도 돌아보지 않고 도망쳐야 하나, 가슴이 뛰고 머리가 복잡하다.

'얼굴을 익히면 완전 범죄를 위해 살인을 저지른다.' 하니 범인을 똑바로 보지 말라. 하는 말이 생각나서 마스크를 올리고 모자를 눌러썼다. 순식간에 오만가지 생각이 영화필름처럼 돌아간다.

성도착증 환자들이 나물을 뜯으러 온 사람을 죽이고, 며칠 전에는 10대인 미성년자 성폭행 사건과 80대 노인 성폭행한 사건까지 뉴스 시간에 보도된 적이 있다. 강력범죄가 늘고, 몰래카메라 범죄가 늘어 지하철 안에서 안내방송을 할 정도다. 은둔하는 청년들이 늘고 있으며, 그들은 인터넷에 빠져 가상의 세계와 현실을 구별 못하고 폭력이나 살인을 저지른다. 한다. 오죽하면 공중화장실에 들어가면 사방을 두리번거리고 안전하다는 문구를 찾는다.

봉의산은 많은 사람이 오르내리는데 오늘따라 등산객이 보이지 않는다. 주머니에 있는 핸드폰으로 손이 갔다. 여차하면 112에 신고하기 위해 핸드폰을 열어 놓고 현재 있는 위치를 확인하며 앞만 보며 오르지만, 신경은 검은 옷의 정체에 집중하고 있다.

"먼저 가셔요."

"지퍼가 망가졌는지 벌어져서 고치는 중이에요." 하지 않는가!

긴장이 풀리고 눈이 마주치자 빙긋 웃어버렸다. 어쩌면 그분도 같은 생각을 하고 있었는지 모르겠다.

모기나 벌 같은 해충은 짙은 색을 좋아하니 야외에서는 밝은색을 입는 게 좋다는데 여성스럽게 고운 색 옷을 입던지, 긴 머리카락이라도 내놓지!

나이 탓인지 소심해져 작은 일에도 신경이 곤두선다. 괜한 걱정이 풀리니 발걸음이 가볍고 촉촉한 얼굴을 스치는 바람이 상큼하다. 어젯밤 내린 비로 나무들이 말끔하게 세수해서 윤이 난다.

전망대에서 기지개를 켜고 시가지를 내려다본다. 혼자 하는 산책은 시간의 구애를 받지 않고 호젓해서 좋다.

김치볶음밥 도시락

도시락은 서로의 마음을 데우는 모닥불이다. 친구 손녀딸이 수능 시험장에서 먹을 도시락으로 김치볶음밥을 싸 갔단다. 평상시에 먹던 소화가 잘되는 음식으로 따뜻하게 먹을 수 있는 도시락이 좋다는데 하필 김치볶음밥일까? 엄마가 직장인이라 주말이면 혼자 김치볶음밥을 해 먹던 아이다. 안부 겸 실수 없이 수능 시험을 잘 치렀는지 물어본 통화가 김치볶음밥 이야기로 끝났다.

김치볶음밥에 대한 추억이 많다. 김치가 맛있으면 김치볶음밥도 맛있다. 지금은 학교에서 점심을 배식하지만, 예전에는 도시락을 싸 갔다. 당번은 4교시가 시작되기 전에 도시락을 걷어 조개탄 난로 위에서 덥혔다. 타지 않고 골고루 덥히려면 두어 번은 아래위를 바꾸어야 한다. 김치 익는 냄새가 솔솔 풍기면 허기진 아이들은 군침을 흘리며 종이 울리기를 기다렸다. 김칫국물이 새서 책이 젖고 반찬 칸이 흐트러져 비빔밥이 되어도 그러려니 하였다.

전깃불이 들어오지 않는 시골에서는 저녁을 일찍 먹어 밤중에는 꼽꼽했다. 묻어 놓은 무를 꺼내 먹거나, 김치 위에 찬밥을 올려놓고 들기름 한술 넣어 화롯불에 둘러앉아 김치볶음밥을 먹었다.

점심에는 간단하게 김치볶음밥을 먹어야겠다고 생각하며 신문을 읽는데 어느 분식센터 주인의 이야기로 가슴이 따뜻해진다. 아이를 키우며 직장생활을 하기 힘들어 퇴직금을 털어 분식센터를 차리신 분 이야기다. 일 년쯤 지나니 식당 일이 익숙해지고 수입이 늘어 재미가 붙었는데 코로나19로 매출액이 수직 낙하하였다. 그나마 근처 학생들이 저녁을 먹어서 겨우 임대료만 내는 형편이었다.

수능 전날, 중년 여인이 우리 딸이 수능 시험장에서 먹을 점심으로 이곳에서 파는 김치볶음밥을 먹고 싶어 한다며 보온 도시락통을 내밀었다. "워킹맘으로 전문직인데 코로나로 학교에 못 가는 고3 아이에게 점심 한 끼 차려주지 못해 늘 미안했는데, 그동안 우리 아이 저녁을 챙겨 주셔서 고맙습니다." 진솔함이 배어있었다. 누구일까? 엄마 닮은 학생들의 얼굴을 떠올리니 창가에 앉아서 조용히 먹고 가는 학생이었다.

여섯 살인 아이를 데리고, 직장 생활하기 힘들어서 말리는 이웃들 말을 듣지 않고 퇴직하지 않았나.

"김치볶음밥은 바로 먹어야지 덥혀 먹으면 맛이 없어요. 내일 7시에 오셔요. 제가 김치볶음밥을 만들어 놓고 기다리겠습니다." "너무 이른 시간이라…." "식당 문을 열기 전에 준비할 일이 많아서 일찍 나옵니다."

예약받고 보온 도시락통을 받았다. 사실 그는 10시 반쯤에 문을 연다. 7시 약속을 지키려면 6시 반쯤 집에서 나와야 한다.

그분은 딸이 영상미디어 학과로 진학해 이 분식센터 영상을 찍어 유튜브에 올리며 학생들과 추억을 나누는 게 목표란 말을 남기고 총총히 돌아갔다.

나도 딸의 저녁 도시락을 들고 넘어가는 해를 안고 언덕을 넘어 달려가던 때가 있었다. 아침을 제대로 못 먹고 집을 나서는 딸에게 저녁 도시락까지 무겁게 들려 보낼 수 없었다. 어깨를 늘어트리고 자정쯤 들어오는 아이에게 저녁만이라도 따뜻한 밥을 든든하게 먹이고 싶은 마음에 하룻밤 나들이도 못 하였다. 여름 해는 5시 30분이라도 뜨거워서 넘어가는 해를 안고 언덕을 오르면 땀이 줄줄 흘렀지만, 자취하거나 도시락을 못 싸 온 친구들을 위해 부침개나 된장찌개를 넉넉히 끓여가는 날은 내 발걸음이 더 가벼웠다.

수능 일은 늘 춥다. 김치볶음밥 하나를 만들기 위해 새벽길을 나서는 그 마음씨가 참 곱다. 각자 적성에 맞는 학과를 선택해 공부하고 사회인이 되는 것이 맞지만, 수능 성적과 내신 성적에 의해 학교와 학과를 선택하는 일이 다반사다. 그 학생이 원하는 대학에 합격해 영상 찍는 모습을 상상해 본다. 두 사람 모두 마스크를 벗고 활짝 웃는 모습을.

능소화

한쪽 벽면을 덮은 능소화를 보니 가슴이 저려 온다. 하룻밤의 인연으로 성은을 입었지만, 왕의 내방이 끊긴 채 구중궁궐에 갇혀 예법을 지키며 살던 가련한 여인의 넋이 아닌가!

노을빛 닮은 밝은 주황색으로 꽃말은 '기다림'이다. 양반집 마당에 심었고 장원급제한 사람의 화관에 꽂아 양반 꽃이라 하여 사랑을 받는다.

능소화는 스스로 서지 못하고 다른 물체를 감거나 기댄 채 흡착뿌리를 이용해 부챗살처럼 뻗는다. 허공을 움켜쥐고 빠르게 앞으로 나가는 것은 누군가를 향해 갈구하는 몸짓이다.

뙤약볕에 달궈진 검붉은 벽돌이 얼마나 뜨거운가! 그래도 포도송이 같은 꽃망울이 주렁주렁 달리고 나팔꽃 같은 통꽃이 부채춤을 펼치듯 차례로 핀다. 꽃은 열매나 씨앗을 만들어 자손을 퍼트리는데 능소화는 꽃이 시들기도 전에 뚝 떨어지니 어떻게 번식할까? 곤충들이 모이는 것을 보면 씨앗을 만들기보다는 꽃가루와 꿀을 나누어 주기 위한 배려 같다. 꽃이 질 때는 목숨을 구걸하지 않고 절정의 시기에 뚝 떨어진다.

아랫집은 헌 집을 헐고 원룸을 짓고 있다. 과거에 한 측량의 오류로 우리 마당이 늘어나고 축대를 다시 쌓아야 했다. 축대를 쌓고 난 공간에 아래 집 기초공사를 하느라 파낸 흙으로 채웠다.

어느 날, 메운 흙 속에 묻혀 있던 반 뼘 정도 되는 토막에서 능소화 잎이 났다. 강한 생명력에 전율이 일어 담 밑 양지바른 곳으로 옮겨놓고 정성을 다했다. 일 년 사이 사람의 키를 훌쩍 넘을 만큼 자라니 이 층에서 줄을 내려 묶었다.

능소화는 부챗살처럼 퍼지며 벽면을 다 덮어 꽃 대궐을 만들어 주고, 여름 한철 벽면의 온도를 낮춰주어 좋기는 한데, 매일 아침 떨어진 꽃을 쓸어내는 일이 만만치 않다. 조금 게으르면 갈색으로 변해 말라붙으니 떼어내기 힘들고, 밟히기라도 하면 신발에 묻어온 진액이 갈색으로 변해 X을 묻혀온 것 같아 현관까지 청소하는 일이 다반사라 귀찮았다.

꽃가루가 눈에 들어가면 눈이 먼다는 속설이 있고, 벽에 페인트를 칠하려니 능소화 줄기가 있는 곳은 칠을 할 수 없어 얼룩으로 남았다. 잎이 진 겨울에는 거미줄같이 지저분하다. 불편한 게 더 많지만, 무럭무럭 자라며 꽃을 피우는 정성이 가상하여 차마 톱을 들이대지 못했다.

아래층은 우리 집에 세 들어 온 지 20년쯤 된다. 아이들이 대학을 졸업하면 공무원 시험 준비를 한다. 가난한 사람들이 가장 빠르고 안전하게 오를 수 있는 사다리는 공무원이란다. 공무원 시험에 전력해 합격하면 집을 떠난다. 네 아이 중 막내아들이 서울시 경찰 공무원 시험에서 마지막 관문이 남았다며 걱정하였다. 우리 집에 살면서 좋은 일이 일어나면 나도 좋지 않은가! 박물관에서 써준 입춘 첩을 주며 좋은 기운이 들어오게 현관의 바깥쪽에 붙이라고 일러 주었다.

좀 망설이더니 집 안에 복숭아나무를 심으면 도화살이 있어 바람이 나고, 꼿꼿이 서지 못하는 나무를 심으면 안 좋다는 이야기를 한다. 필시 능소화를 두고 하는 말 같았다.

축대를 파고든 뿌리가 굵어지며 벽에 금이 가고 떨어진 꽃과 낙엽을 쓸어내는 일이 만만치 않다며 남편에게 베어버리자고 꼬드겼다. 축대에 금이 간다는 말에 수긍이 갔는지 자르겠단다. 이왕 자르려면 아랫집 아들이 마지막 남은 체력 시험과 면접시험을 보기 전에 베어야 하는데 하루 이틀, 뜸만 들이고 있다.

톱을 찾을 수가 없어 부엌칼을 들고 나섰다. 열 번 찍어 안 넘어가는 나무가 없다더니 식칼일망정 수 없이 찍으니, 밑동이 뚝 끊어졌는데 벽에 흡착 뿌리를 박고 있어 넘어가지 않는다. 반나절 동안 작은 줄기를 하나씩 떼어냈다.

아래, 위층을 오가며 밖에서 굿을 하는데도 모르고 있던 남편은 톱이 창고에 있는데 뭐로 잘랐냐며 놀란다. 오기가 생기면 무슨 일이든 할 수 있는 게 여자다.

아들의 합격을 제일 먼저 알려드리고 싶다며 눈물을 글썽였다.

그동안 아이들이 얼마나 힘들게 공부했는지 알기에 우리는 손을 맞잡고 눈물을 흘렸다. 밤늦게 다녀도 신경 쓰지 말라고 대문을 잠그지 않아 맘 놓고 드나들었지만 남의 집에 살면서 불편한 점이 왜 없었겠나! 순경 제복 입은 늠름한 모습을 상상하니 내 피붙이처럼 든든하다.

토막으로 잘려서 마당 한구석에 쌓여 있는 능소화의 덕이 컸나 보다. 흔적을 없애는 것이 미안해서 필요한 사람에게 나누어 주려고 마디를 잘라서 꺾꽂이하는 중이다.

돌도 오줌을 싼다

돌이 오줌을 싸 작물을 키운다니 재미있고, 신기하고, 경이롭다. 무생물이지만 돌의 생김에 따라 이름을 붙여 감상하고, 생김이나 돌 속에 있는 문양이 독특하면 사랑받는다. 돌은, 염원을 담아 쌓으면 탑이 되고, 마을 어귀에서 이정표가 되고, 무덤이 되고, 제단이 되며, 신앙의 대상이 되기도 한다. 동쪽 끝에 있는 돌섬 독도와 부속 도서 91개는 관광과 수산자원의 보고며 안보상으로도 중요한 우리의 영토다.

산은 나무와 바위가 적당히 조화를 이루어야 아름답고, 냇물도 바위를 휘감고 돌아야 힘이 전해지며, 정원도 돌과 나무가 조화를 이루어야 안정감이 있고 편안하다. 철근콘크리트 축대보다 돌로 아귀 맞게 쌓은 축대는 색이 바래고 이끼가 끼어 세월의 흔적을 안고 자연의 한 부분으로 남아 운치가 있다.

대부분 도시인은 노후에 전원 생활을 꿈꾸지만, 실행에 옮기기는 쉽지 않다. 귀농해 호수 끝자락에서 밭농사를 짓는 지인이 있다.

고향은 아니지만, 가끔 놀러 갔다가 쭉쭉 뻗은 옥수수에서 힘을 얻고, 하얗게 덮인 감자꽃에 반했단다. 마침 아는 분의 소개로 빈집을 고치고 농토를 얻어서 생활을 시작하였다.

어디, 시골 생활이 말처럼 쉽던가! 오랜 경험으로 일의 요령을 터득하고 부지런해야 한다. 겨울이 일찍 찾아오는 곳이라 수확이 끝난 들깨밭과 배추밭에 널려 있는 돌을 주워 밭둑에 쌓았다. 마을 사람들은 "돌이 오줌을 싸야 배추가 잘 큰다." 하였다. 게으른 사람의 핑계 같아 그 말을 무시하고 열심히 돌을 주워냈다. 지나가는 사람마다 "쯧쯧" 혀를 찼지만, 눈에 띄는 돌마다 주워내기를 멈출 수 없었다.

호수에서 불어온 더운 공기와 높은 산에서 내려온 찬 공기가 만나서 만든 안개가 세상을 뒤덮었다가 정오가 되어야 걷힌다. 경사진 배추밭이 푸른 물결로 일렁이는데 어찌 된 영문인지 옆집 배추가 더 싱싱해 보였다. 돌이 오줌을 싼다는 말이 생각이 나서 배추밭 고랑을 타 넘으며 이웃집 배추와 비교하였다. 돌은 흙보다 온도차가 크다. 한낮에 햇볕을 받아 달구어진 돌이 온기를 보태주어 배추가 잘 자라고 밤마다 물안개가 돌에 닿아 만들어진 물방울이 흘러내려 흙을 적시니 배추가 가뭄을 덜 탈 수밖에. 얼음이 담긴 컵에 물방울이 맺히듯이 기온 차가 더 큰 돌에 물방울이 맺히는 것을 에둘러 돌이 오줌을 싼다는 말로 표현하신 지혜에 감탄했다. 자연은 참 오묘하여 비탈밭에 이슬이 내려 배추를 키우고 있다.

사람은 죽을 때까지 배워야 한다. 농사는 하늘의 인심이 후해야

겠지만 이론만이 아닌 경험에 의한 것이 더 많다. 신이 세상을 창조할 때 아무 생각 없이 만들지는 않으셨겠지. 세상의 모든 생명은 성스럽고 거룩해 존재할 이유가 있다. 풀 한 포기도 온 힘을 다해 제 자리를 지켜낸다. 잡초와 돌까지도 주어진 자리가 있고 역할이 있으니, 세상에는 쓸모없는 것이 하나도 없다는 생각이 들었다.

무생물도 자신의 자리에서 맡은 소임을 충실히 하고 있으니 하찮게 볼 일이 아니며 자연의 법칙을 인간의 잣대로 판단할 일은 더더욱 아니다. 생물은 물론 무생물인 돌까지 한데 어우러져 지구가 돌고 있다. 풀 한 포기도 온 힘을 다해 자신의 자리를 지켜내고 있는데 태고부터 자리를 지켜온 돌이야 말해 무엇하겠는가! 돌은 비탈의 흙을 붙잡아 주고, 급한 물살을 잠재우며, 물고기의 안식처가 된다.

돌이 자연의 한 부분이 되어 자신의 자리를 지키듯 사람도 저마다 있어야 할 자리가 있다. 덕을 지닌 어른이 자리에 계시기만 해도 자연스레 질서가 잡힌다. 어른은 어른다워야 하고 아랫사람은 어른을 존경하고 따라야 올바른 사회가 된다.

산길을 가면서 돌을 자세히 보게 되었다. 경사면에 버티고 있는 돌이 사랑스럽다. 밭일할 때마다 호미 끝에 부딪는 돌을 주워 귀퉁이로 던지고 묻힌 돌을 파냈는데 흙을 붙잡아 주고 목을 축일 수 있게 오줌을 싸라며 제자리에 도로 놓았다. 돌이 돌로만 보이지 않는다.

비빔밥의 전략

전주에 오면 꼭 비빔밥을 먹어야 한다기에 비빔밥을 시켰다. 놋그릇에 오방색 나물과 나붓나붓한 달걀부침이 한 송이 꽃이다. 중앙에 자리 잡은 빨간 고추장이 씨방처럼 빛난다. 고추장은 메주의 구수한 맛, 찹쌀이 삭아서 나는 단맛, 짠 소금과 매운 고춧가루 맛의 조합으로 각각 살아 있는 재료의 맛을 한 덩이로 뭉치게 해 준다. 화룡점정 같은 고추장 한술은 짭짤하고 매콤해 입맛을 돌게 하고 먹고 나면 개운하다. 쌀알이 으깨지지 않게 젓갈로 살살 비벼야 맛이 살아난다고 알려주어 들었던 숟갈을 내려놓고 젓갈로 살살 섞는다. 고소한 참기름과 색의 조화에 군침이 돈다.

나는 전생에 거지였는지 비빔밥을 좋아한다. 입맛이 없거나 식사시간이 촉박할 때, 혼자 집에 있을 때는 냉장고에 있는 재료를 있는 대로 넣고 달걀부침을 얹은 후 고추장과 참기름을 넣어 비비면 술술 넘어간다. 체면을 차려야 하는 자리는 나물을 보고도 비빌 수 없어 허전하다.

궁중의 대표 음식 신선로의 재료는 비빔밥과 비슷하지만, 고추장이 들어가지 않는다. 왕과 정승. 판서들이 시뻘건 고추장을 넣고 비비는 것은, 품위가 손상된다고 생각하였을까?. 영조는, 당쟁을 없애려는 고심 끝에 정승, 판서와 자주 술자리를 마련했는데 늘 술상 가운데 신선로를 올렸다. 신선로에는 노란 달걀 전, 붉은 당근 전, 파란 파, 흰색 두부, 검은 버섯전으로 색을 갖추고 소고기 맑은국을 부어 따뜻한 국물과 같이 먹는 것이 비빔밥과 다르다.

신선로 덕인지 영조의 통치력 덕인지 동인, 서인으로 나누고 동인은 남인과 북인으로, 서인은 노론과 소론으로 나누어 치열하게 싸우던 사색 당쟁이 수그러들었다 한다.

칭기즈칸의 후손은 원나라를 세워 240년간 러시아를 다스렸고 중동, 유럽의 문명과 어울렸다. 몽골의 기동성, 중국의 화약 제조술, 유럽의 주조 기술, 중동의 화염방사 기술을 융합한 결과다.

우리 음식은 여러 재료가 섞여도 본연의 맛을 지니면서 조화를 이룬다. 밥을 비비면서 생각한다. 당근이나 시금치는 색이 진해 진보성향 같고, 도라지나물이나 청포묵은 보수성향 같다는 생각이 든다. 진보의 추진력과 보수의 경험에서 우러난 부드러움과 노련함이 합치면 나라가 발전한다.

고추장은 어떤 재료와 만나도 조화를 이루며 한 덩어리로 뭉치게 해 주는 힘이 있다. 제각각 능력이 존중되고 섞여서 비빔밥이 된다. 진보와 보수가, 호남과 영남이, 금수저와 흙수저, 정규직과 비정규직이 한데 어우러지면 사회가 안정되어 행복 지수가 높아지련만, 화합을 못 해 시끌시끌하고 불안하다. 같은 직장 안에서도 반목한다.

'군주의 마음은 인사로 드러난다.' 하였다. 대통령의 통치 이념이 바뀌지 않는 한, 추미애 법무부 장관과 윤석열 검찰총장이 동반 사퇴하고 다른 사람이 그 자리에 앉아도 반목은 계속될 것이며 국민은 지치게 된다. 뉴스가 시작되면 코로나19 환자 발생 숫자가 보도되고, 법무부와 검찰, 더불어민주당과 국민의힘 국회의원들의 힘겨루기와 막말에 실망하여 채널을 돌린다.

고추장 같은 국무총리는 없을까? 청와대에서 국무총리와 정당 대표가 모여 비빔밥이나 신선로로 만찬을 하고, 법무부 장관과 검찰총장, 경찰청장이 비빔밥을 먹으며 대화를 나누면 꼬였던 일이 술술 풀리지 않을까?

대통령께, 각계에 계신 어른들을 모시고 비빔밥을 나누며 귀를 여시라 권하고 싶다. 국민과 약속한 문 대통령 취임사는 아직 살아 있다.

모두가 왕이다

왕은 최고의 부와 권력을 누린다. 전국에서 진상된 최고의 산물과 의복은 물론, 궁 안에 있는 많은 사람이 왕을 위해 존재한다. 왕의 말이 곧 법인 왕권사회도 있었다.

인터넷이 대중화된 것은 50년 전부터다. 가장 빠르게 변하는 것이 인터넷 세상이라 사물인터넷 기술을 사용하는 사물이 260억 개에 이를 것이라 한다. 사물인터넷의 범위가 자꾸 넓어지면서 우리 생활 속으로 깊숙이 들어온다. 인터넷 시대는 생산 경제가 70%고 거래 경제가 30%였다면 사물인터넷 시대는 생산 경제가 30%며 거래 경제가 70%로 수치가 뒤바뀐다고 한다.

지금까지는 인터넷 기능을 가진 사람이 주도적으로 시스템이 돌아갔다면 사물인터넷은 모든 사물에 내장된 센서와 통신 기능이 스스로 데이터를 주고받는다. 인공지능을 가진 로봇이 사람의 생각까지 읽어 일을 처리할 수 있다.

아침에 거울을 보면 거울 속에 들어있는 센서들이 움직여 건강을 꼼꼼하게 체크해서 주치의가 있는 병원으로 전송해 주의 사항을 알린다. 건강 상태에 따라 오늘 마실 수 있는 술의 양까지 가르쳐 준다니, 사람이 기계의 지배받는 시대가 오는 것 같다. 어디 그뿐인가! 스포츠 중계는 인공지능 카메라와 드론을 동원해 사람이 아닌 기계가 대신할 것이다. 축구공 속에는 센서가 있어 정확한 판정에 도움을 주고 있다.

무인 자동차로 지정된 장소와 시간에 안전하게 도착할 수 있다. 장애물과 정체가 된 구간은 피할 수 있고 악천후를 걱정하지 않아도 된다. 집에 있는 가전제품에는 모두 센서가 있어 외부에서 조정할 수 있다. 급하게 나왔을 때 가스 불을 걱정하지 않아도 되고, 도착 시간에 맞게 실내 온도를 조절해 주고, 불을 밝혀주고, 청소를 끝내 놓으니, 얼마나 편하며 쾌적한 생활을 할 수 있을까? 그뿐이 아니다. 냉장고 안에 있는 식품의 내용과 유통기한까지 짚어주고 필요한 것은 자동 주문이 되고 결제가 되어 지정된 장소에서 찾기만 하면 되는 편리함까지 갖추었다.

농업에 접목해 최적 온도와 영양 상태, 습도를 조절하는 것은 물론 파종서부터 수확하여 판매하는 일까지 첨단기술을 적용하여 노동력과 비용을 줄이고 생산성은 증가시킬 수 있다.

서울에서 228km 밖에 있는 백령도는 20%의 고령자가 있는 섬으로 사물인터넷으로 건강 사업 확장을 실험하고 있다. 노인들의 손목에는 센서가 달린 시계가 있어 맘 놓고 들이나 바다에 나가 일을 할 수 있다. 시계에 있는 센서가 심장의 박동 수, 걸음 수, 호흡, 체온 등을 자녀에게 자동으로 전송시켜 주니 자녀들은 안심하고 직장생활을 할 수 있다. 화상 진료도 가능하다.

사물인터넷이 편하고 좋은 것만은 아니다. 인간과 침팬지가 1:1로 대결하면 침팬지가 승리하지만, 집단이 모여 대결하면 연결성과 협동성을 가지고 있는 인간이 승리한다. 모든 기기를 생산하고 관리하려면 아이디어와 순발력이 필요하다. 사람이 할 일들을 기계가 대신하니 일상의 여유가 생겨 게을러지기 쉽다.

발효되고 숙성되는 과정이 생략되어 참을성이나 배려심을 잃게 되고 몸으로 경험하지 않은 것이 늘어나 오만해지기 쉽다. 활동 범위가 좁아지고 몸을 움직이지 않아 신체는 허약해지고 머리만 비대칭으로 커져 이티 같은 모습이 되지 않을까 걱정이 앞선다. 인간의 삶에도 인연 따라 관계가 형성되는데 혼자만의 시간을 즐겨 타인을 배려하는 마음이 부족해진다.

왕 같은 삶이 좋기만 한 것은 아니다. 깊은 물을 건너고 힘들게 언덕을 오르고, 때로는 비바람을 헤치고 나가는 것이 삶의 재미가 아닐까? 기계의 편리성을 취하기는 해도 노예가 되지 않기를 바란다.

법천사지 느티나무

법천사지 허허벌판에 홀로 서 있는 느티나무 한 그루가 넉넉한 가슴으로 답사객을 반긴다. 울퉁불퉁한 몸은 승천하는 용을 닮았고, 무수히 많은 푸른 잎은 하늘을 받들고 있는 당간지주가 되는가 하면 때로는 솟대가 되어 길을 안내하고 있다.

임진왜란 때 불타버린 법천사지! 느티나무는 왜놈의 소행으로 절과 부속 건물이 훨훨 타는 모습을 지켜봐야 했다. 얼마나 원통했을까? 나무 밑동부터 불타, 두 사람이 들어갈 만큼 구멍이 뚫리고 껍질만 남은 채, 그날의 아픔을 후대에 전해주려 사백 년 넘게 버티고 있다.

법천사지 느티나무는 섬강이 남한강과 한강을 만나서 서해로 나가 예성강을 통해서 개성까지 오르내리던 영화를 기억하고, 세달사와 신륵사의 소식도 간직하고 있을 것이다. 또한 임진왜란의 상처, 굶주린 백성들의 아픔, 좌, 우의 대립과 6.25전쟁, 격동의 사건….
차라리 눈을 감고 싶었던 때가 어디 한두 번이었을까?

숱한 시련을 겪으며 많은 옹이를 달고 있는 법천사의 수호신이다. 신령스러운 밑동은 오래 사는 자가 이기는 것이라 말하는 듯, 상처를 감싸 안은 채 수많은 잎으로 하늘을 덮고 있다.

법천사는 신라하대에 창건한 법상종 사찰이다. 도의선사 제자로 원주가 본향인 국사 스님 해린이 84세에 입적하신 절이다. 고려 문종은 장례에 필요한 물품을 지원하셨고, 15년 후 고려 승탑 중 가장 화려한 지광국사 해린 승탑이 만들어졌다.

지광국사 해린 승탑은 일본인이 오사카에 있는 자기 집 정원으로 옮겼으나 3년 후 조선 총독 데라우치가 경복궁 뜰로 이전하였다.

한국전쟁 때 포탄에 맞아서 파손된 채 주저앉아 있던 것을 2016년 해체 복원하여 국립중앙박물관으로 옮겼다. 본향인 원주로 돌아왔다. 비석 옆, 원래 탑이 있던 자리로 돌아와야 한다는 주장과 황사와 산성비가 내려 부식이 빠르니 온도와 습도 조절이 가능한 박물관 안에 안치해 보존해야 한다는 주장이 맞서다 박물관 안에 안치하기로 하였다.

지광국사 해린 승탑 비는 4.55m 크기의 오석에 구양순체로 새겼고, 왕관 모양의 머릿돌과 비신 옆면의 용은 구름 속에서 꿈틀거리듯 생동감이 있고 화려하다. 비신을 바치고 있는 거북은 긴 수염이 있어 용의 얼굴로 본다. 거북 등에는 육각형의 칸마다 왕(王) 자가 새겨 있어서 왕에 버금가는 예우를 받은 것으로 짐작할 수 있다.

법천사는 40여 동의 건물이 있던 사찰로 궁궐 건물의 배치도와 비슷하며 조선 초기 영의정에 오른 한명회, 서거정, 권람이 학문을 닦으신 터다.

넓은 뜰 왼쪽에 발굴을 끝낸 돌들이 모여 있다. 가운데가 닳아 우묵한 댓돌은 얼마나 많은 사람이 드나들었는지 알 수 있고, 그을음을 머금은 아궁이 돌에서 그 방에 머문 사람들의 흔적이 보이며, 기둥을 받치고 있던 주춧돌로 건물의 크기를 가늠할 수 있다.

줄지어 늘어선 돌을 디딤돌 삼아 천천히 걸으며 천 년을 이어본다. 땅속에 묻혀 있던 돌이 드러나던 날 느티나무는 옛 모습대로 복원되는 상상을 하며 감격의 눈물을 흘렸으리라.

인고의 세월만큼의 옹이가 멋지다. 느티나무를 끌어안고 귀를 대보니 물관과 체관을 따라 피돌기를 하는 힘찬 소리가 들린다. 사랑하면 눈에 보인다고 용트림하는 가지는 사백이십 년을 뛰어넘어 의젓한 모습으로 현재와 공존하고 있다.

나라가 어지럽거나 국력이 약하면 외세의 침략을 받아 백성의 생활이 피폐해지고 문화재는 파괴되어 온전한 것이 드물다. 이 시간에도 지구촌 여러 곳에서는 전쟁과 자연재해가 일어나고 있다.

불에 탄 흔적을 안고 꿋꿋하게 하게 생을 이어가는 느티나무가 "사람의 일생이야말로 하루살이에 지나지 않는다. 좋은 일 하고 살기에도 부족한 시간이다. 본분을 지키고 덕을 쌓아라." 느티나무의 가르침에 절로 고개가 숙어졌다. 폐사지는 죽은 땅이 아니었다.

씨를 맺지 못해도 꽃이라네

큰 나무 밑이 온통 파란 수국꽃 천지다. 그믐밤의 별처럼 맑다. 일본 교토에 있는 금각사에서 본 하늘빛 닮은 수국의 청초한 이미지가 내 머릿속에 항상 있다. 금각사는 삼 층 맨 위층은 불당이고 아래층은 사람의 거처로 지었으며 겉에 금박을 입혀 금각사라 부른다. 방화로 소실된 것을 복원하였는데 우리 절과 달라 생소하여 관심이 멀어지고 청초한 수국꽃만 눈에 들어왔다.

옆집에 핀 청색 수국꽃을 본 순간, 금각사에서 본 수국 이미지가 떠올라 탐냈더니, 이사 가면서 수국을 주고 갔다. 수국꽃은 파란 줄만 알았는데 우리 집에 온 후, 한두 송이씩 그것도 붉게 핀다. 꽃이 질 때는 그대로 말라 갈색으로 변하니 푸른 잎까지 추하게 보여 꽃이 생기를 잃으면 야멸차게 잘라버린다.

수국에 대한 자료를 찾아보았더니 꽃말은 변덕이다. 토양에 따라 흰색, 분홍, 파란색으로 피기에 변덕이란 꽃말이 생겼나 보다. 중성 토양에서는 흰 꽃, 산성토양은 분홍 꽃, 알칼리성 토양이면 청색 꽃이 피는 정직한 꽃이다.

어느 날 화원에서, 줄기는 하나인데 붉은 꽃과 파란 꽃이 탐스럽게 핀 화분을 보았다. 궁금해 물어보았더니 꽃망울이 생기면 한쪽에는 붉은 물감을 다른 쪽에는 청색 물감을 주면 물관이 색소를 빨아들여 두 색의 꽃이 핀단다. 꽃병에 물감을 넣어 흰색 수국을 붉거나 푸르게 바꿀 수 있다고 한다.

꽃의 기능은 씨앗과 열매를 맺기 위함이다. 움직일 수 없는 식물은 바람을 이용하거나 고운 색과 향으로 벌과 나비, 곤충을 불러 수정한다. 개다래는 꽃이 잎 뒤에 아주 작게 숨어 있고 잎이 흰색으로 변색한 것은 곤충을 불러들이기 위해서란다.

수국은 무슨 조화인지 암술과 수술이 없고 꿀샘조차 만들지 못하는 헛꽃이다. 수수한 꽃은 사람에게 보여주기 위함인가. 모든 생명은 생존과 번식을 위해 진화하는데 꽃의 기능을 상실한, 외로운 꽃이다. 씨가 없으니, 자구책으로 가지가 땅에 닿기만 하면 뿌리를 내리도록 진화하였다.

씨를 만들지 못하는 수국을 보면서 가슴에 담아 두었던 분이 생각났다. 어렵게 사는 분이라 가끔 봉사하면서, 청소하고 말벗이 되어 드렸다. 가냘픈 몸매에 허리가 굽고 얼굴에는 주름이 자글자글하시다.

손수레가 들어가지 않는 골목집이다. 연탄이야 도움의 손길이 있어 배달되지만 연탄재 버리는 일이 만만치 않다. 만날 때마다 어르신의 살아온 소설 같은 이야기가 끝없이 이어진다.

지금은 결혼해도 아이를 낳지 않아 인구가 준다고 야단이지만 여자로서 대를 이을 아들을 생산해야 대접받는 시대가 있었다. 여자가 친정으로 돌아와도 흉이고 직업을 가질 수 없는 시대라 자식을 생산하지 못한 죄인으로 살았다. 아들을 안은 채 밀고 들어온 첩한테 안방을 내주고, 호랑이 같은 시어머니와 남편 밑에서 허리 한번 펴보지 못하고 눈칫밥을 먹었다고 하셨다.

시어머니가 돌아가시자 남편은 헌 집에 본처만 남겨놓고 작은댁과 아이들을 거느리고 새로 지은 아파트로 옮겨가서 발걸음을 끊었다. 살기 위해 농촌으로 품을 팔러 다니다가 넘어져서 허리를 다쳤으니 일하는 날보다 병원 다니는 날이 더 많아 가난의 굴레에서 벗어날 수 없었다.

자매들의 도움을 받기도 했지만, 이승을 떠나거나 남아 있는 자매도 나이가 드니 경제권이 없고, 건강이 좋지 않아 만나기 힘들다. 먹고 싶은 것도, 입고 싶은 것도 없다며, 그저 바람이 있다면 어느 날 자다가 눈을 감게 해달라고 천지신명께 빈다고 하셨다. 그분을 보면 자식이 울타리나 기둥이라고 하던 옛 어른들의 말이 맞는 것 같기도 하다.

서리가 내려 수국잎이 말라가고 있다. 쪼글쪼글하게 마른 잎은 떨어지지 않고 가지에 붙어서 겨울을 난다. 봄에 새잎이 나면 묵은 잎은 떨어지겠지만, 그동안 잎눈을 보호하고 있었나 보다. 헛꽃을 만든 조물주의 뜻을 모르지만, 식물이나 사람이나 다음 세대에게 자리를 보존해 주는 것이 숙제인 것 같다.

영월 영흥리 낙화암

황포 돛배를 타고 백마강을 거슬러 올라간다. 당나라 장수 소정방이 강에서 백마를 미끼로 백제 수호신인 용을 낚아 백제가 패망했다는 전설을 안고 있는 백마강. 라, 당 연합군이 백제를 침략해 의자왕과 왕자를 당나라로 끌고 갔다.

주군을 잃은 삼천궁녀가 낙화암에서 백마강으로 몸을 던졌다니, 삼천궁녀의 넋이 푸르다. 삼천 명의 궁녀들이 뛰어들기에는 턱없이 좁은 바위와 백마강. 조선 중기 시인 민제의 시 「백마 강부」에 나오는 삼천궁녀가 낙화암의 전설이 되었다고 한다.

영월 낙화암은 계유정란(癸酉靖亂) 때 단종을 모시고 영월로 온 궁녀 6명과 시종이 '불사이군'(不事二君)을 외치며 동강에 몸을 던졌다는 실존 이야기다.

조선의 6대 임금 단종은 태어난 지 7일 만에 어머니를 잃고 12살의 어린 나이에 왕의 자리에 올랐으나 숙부에게 양위하고 상왕으로 물러났다. 세조는 단종의 복위를 두려워해서 노산군으로 강등

시켜 영월 청령포로 귀양을 보냈다.

단종과 부인이 영영 이별했다고 해서 이름이 붙은 영도교(永渡橋)에서 이별 후, 광나루에서 배를 타고 영월로 떠났다. 배에서 내린 단종은 말을 탔지만, 궁녀들은 유월의 태양 아래 버선발로 걸어 청령포에 닿았다. 청령포는 삼면이 강물로 둘러있고 한쪽은 절벽으로 막혔다.

소나무에 걸터앉아 시름을 달래고 해 질 무렵이면, 열일곱 살의 청년은 노산대에 올라서 한양에 있는 부인을 그리워하였다.

순흥 땅 조개섬으로 귀양 간 금성대군이 단종 복위를 도모하다 발각되자 역모에 가담했다는 이유로 사약을 받았다. 이때 궁녀와 시종이 동강 상류로 올라가 왼쪽 바위 절벽에서 몸을 던져 생을 마감한 곳이 낙화암이다. 낙화암 위에는 세종 때 건립한 금강정(錦江亭. 강원도 문화재자료 제24호)이 있다.

조선의 42개의 릉(陵) 가운데 한양 백 리를 벗어난 능은 개풍군의 후릉(厚陵)과 영월의 장릉(壯陵)이다. 조선 시대는 왕의 이름을 함부로 쓸 수 없었다. 백성들의 불편함을 덜기 위해 대군은 외자 이름을 썼는데 단종은 명이 짧은 사주를 나고 났다. 하여, '홍위'두 자 이름을 썼다. 그래도 단명한 것을 보니 타고난 사주팔자는 비켜 가지 못하나 보다.

대왕대비나 대비가 생존하셨다면, 어린 왕이 죽임을 당하는 비극은 없었을 것이며, 조금 전까지 하늘같이 모시던 국모를 자기 집 노비로 달라, 청하는 수모를 당하지 않았을 것이다.

단종비 정순왕후의 노여움이 하늘에 닿았는지 82세까지 장수하셔서 세조를 보위에 앉힌 일등 공신이요, 신숙주와 사돈이며, 예종과 성종의 장인으로 영화를 누리던 한명회가 부관참시당하는 모습까지 보셨다.

조선 시대 궁녀는 최초의 여성 공무원이다. 효종 때까지는 양가 딸로 선대에 죄가 없고 첫째 부인의 딸이며, 아이를 낳다 죽은 사람이 없는 집안이어야 했다. 평생 결혼을 할 수 없으며 병들거나 늙으면 궁을 나와 노원사에 머물렀다.

입궁한 연조에 따라 10등급 품계가 있고 근무 부서에 따라 귀천이 달라진다. 대개 6~7세에 입궁하면 남치마 노랑 저고리를 입은 견습 나인으로 궁궐의 법도와 일을 익혔다. 매달 백미 너 말과 일년에 한 번씩 명주와 무명, 삼베 한 필씩 받았으며 일제 강점기 때는 제조상궁이 장관급 대우를 받았다.

성년이 되어 머리를 얹으면 남치마 옥색 저고리를 입는 나인이다. 상궁이 되면 첩지를 받고 당의를 입는다. 왕의 승은을 입은 나인은 일약 상궁으로 승진하고, 옹주를 낳으면 종2품, 군을 낳으면 종1품의 첩지를 받고, 자식이 세자에 책봉되면 정1품인, 빈의 자리에 오른다.

평생 궁에서 생활한 궁인들은 단종을 떠나보낸 후 경제적으로 어렵고 삼종지도를 지킬 대상이 없으며, 충의(忠義)와 불사이군(不事二君)의 절개를 지키려 죽음을 택할 수밖에 없었을 것이다.

영조는 꽃잎 지듯 떨어진 그들의 뜻을 가상히 여겨 사당을 건립해 위패를 모시고 민충사(愍忠祠, 강원도 문화재자료 제27호) 사액을 내렸으며 10월 24일 제사를 지내게 했다. 매년 제사를 지내 꽃다운 죽음과 자식을 생산하지 못한 혼을 위로하니 참으로 다행한 일이다.

2

어머니에게 자식은 생명의 끈이다

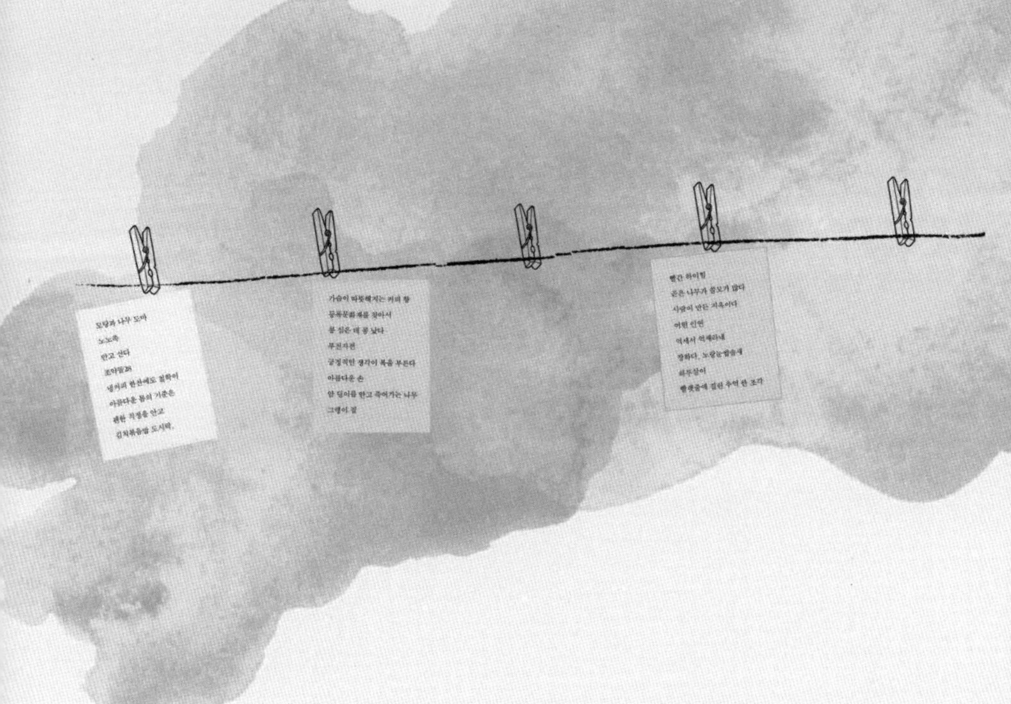

어머니들은 죽고 싶어도 자식 때문에 못 죽는다는 말을 많이 한다. 쌔근쌔근 잠든 아이 모습에 이혼 서류를 휴지통에 던져 버리고, 죽고 싶을 만큼 힘들어도 참는다. 불이 나고 물에 빠져도 뛰어들어 자식을 구하고, 난리 통에 굶어가며 자식을 지켜내지 않았는가. 어머니에게 자식은 생명의 끈이다. 그리스 신화 속 시시포스처럼 자식은 바위를 산꼭대기로 끊임없이 굴리게 한다.

어머니에게 자식은 생명의 끈이다

아동학대 사건이 자주 발생해 세상이 시끄럽다. 개들 사회에서 '사람만도 못한 놈'이라 욕을 한다니 오죽하면 저런 말을 지어냈을까. 슬프다.

산 넘고 물 건너 주인을 찾아오고, 주인의 무덤을 지킨 의로운 개 이야기가 전해오고 있지 않나! 문우는 산속 외딴곳에 집을 짓고 장뇌삼을 키우고 있다. 진돗개가 여러 마리 있는데 산속을 자유롭게 다니며 도둑과 산짐승을 지켜주어 든든하단다.

암놈은 집으로 들어와 새끼를 여러 마리 낳았다. 포도알같이 반짝이는 눈, 눈같이 희고 몽실몽실한 강아지를 탐내는 사람이 많지만, 키울 여건을 갖춘 사람이 적어 분양하기가 쉽지 않다. 다 키우기는 벅차서 분양한다는 광고를 냈더니 강아지를 가지러 왔다.

낯선 사람이 나타나자 불안해진 어미는 개집을 막아서서 미친 듯이 짖어댔다. 강아지를 데리고 차가 떠나자, 어미는 죽을힘을 다해 차를 따라가다가 지쳐 고개를 푹 숙이고 돌아와 새끼를 품고 있기에 저녁을 주고 잠자리에 들었다.

아침에 개밥을 들고 나가니 개집이 텅 비어 있었다. 큰 개들은 산을 쏘다니며 수시로 드나들기에 걱정을 안 하지만 어린 새끼 여섯 마리를 데리고 어디로 갔단 말인가! 개가 은신할 만한 곳을 찾아 산속을 뒤지니 바위 밑에 굴을 파고 새끼들을 감춰 두고 있었다. 한다.

우리집도 개를 키웠다. 새끼를 네 마리 낳았는데 그중에 한 마리는 죽어 있었다. 미역국을 끓여 어미 가까이 놓고 개집 앞에 앉아 수고했다고 머리를 쓰다듬으며 죽은 놈을 슬쩍 꺼내서 신문지에 돌돌 말아 계단 밑에 감추었다.

아침을 먹고 죽은 강아지를 묻어 주려고 찾으니, 밤에 어미가 물어다 품은 채 핥고 있었다. 모정이 개라고 다르겠나! 새끼 숫자를 기억하고 어미의 후각을 동원해 찾았나 보다. 반갑다고 손을 핥으며 꼬리를 흔들다가도 개집에 손을 넣으려면 살기를 띠고 물려고 덤볐다.

우리 어머니들은 죽고 싶어도 자식 때문에 못 죽는다는 말을 많이 한다. 쌔근쌔근 잠든 아이 모습에 이혼 서류를 휴지통에 던져버리고, 죽고 싶을 만큼 힘들어도 참았다. 불이 나고 물에 빠져도 뛰어들어 자식을 구하고 난리통에 굶어가며 자식을 지켜내지 않았는가.

옆집 할머니 사연은 영화를 한 편 찍을 만하다. 결혼 후 4개월 만에 6.25가 터졌고 징집되어 군에 간 신랑의 소식이 반년 만에 끊겼다. 피난지서 며느리가 폭격을 맞아 피범벅이 되자 시어머니는 피를 닦아내고 두 달 넘게 죽을 쑤어 먹이며 대소변 시중을 들었다. 문고리를 잡고 간신히 변소 출입을 하는 며느리에게 병아리 한 마리를 폭 고아 기운차리라며 식구들 몰래 주셨다.

해가 바뀌고 피난에서 돌아와 농사철이 되자 시아버지는 며느리에게 편지 한 통을 사돈어른께 전해 드려라, 주시고. 시어머니는 데리러 갈 때까지 친정에 있어라. 하셨다. 친정 가는 며느리가 안 보일 때까지 대추나무 밑에 서 계시더란다. 시할아버지 사망 소식도 전하지 않았는데, 휴전회담이 되어 아들이 돌아오자마자 처가에 가서 며느리를 데리고 오라며 보내셨다. 하는 말을 들었다.

요즘 개만도 못한 사람을 뉴스에서 종종 본다. 그들을 볼 때마다 내 피붙이도 아닌데 가슴에 돌덩이 하나 얹어 놓은 것처럼 무겁다. 무슨 맘으로 입양했는지 16개월 된 싹을 무참히 밟아 쓸개가 터져 죽고, 태어나서 호적에 오르지 못했으니 병원 한 번 못 가보고 죽고, 10살 먹은 아이가 오줌 쌌다고 이모가 물고문으로 죽이고, 세 살 된 아이를 방치한 채 이사를 가버리고, 이게 어디 사람인가!

자식을 걸림돌로 생각하니 애정이 있겠나, 재롱이 눈에 들어오겠나! 부모의 소유물도 아닌데 부모의 손에 죽은 그들의 혼은 누가 위로해 주나. 어머니에게 자식은 생명의 끈이다. 그리스 신화 속 시시포스처럼 자식은 바위를 산꼭대기로 끊임없이 굴리게 한다.

어머니는 백 명의 훌륭한 스승이다. 부모는 아이를 바르게 키워야 할 책임이 있다. 그들을 잘못 가르친 사회와 어른의 책임이 크다. 나이를 먹었다고 어른이 되는 것이 아니라 어른의 자리에 앉아도 부끄럽지 않아야 하고, 부모의 책임과 의무를 충실히 해야 부모 자격이 있다.

절하는 마음으로 자식을 양육해 나라의 동량으로 키워야 한다. 예비 신랑 신부에게 부부의 관계와 자식 교육, 어른을 섬기는 일, 사회관계망까지 가르쳐야 한다. 동방예의지국이 어찌 이 지경이 되었는가! 자식이 희망이기에 참고 살았다는 어머니들 존경합니다.

가슴이 따뜻해지는 커피 향

따끈한 커피 한잔에 생기가 돌고 꽉 막혔던 가슴이 열린다. 커피 애호가는 아니지만, 기온이 내려가면 구수한 커피 향이 그리워진다. 중독성이 강한 커피는 세계인이 즐기는 최고의 기호품이다.

외국어 이름의 카페가 성업 중이다. 전문가가 만들어 내는 독특한 향과 맛을 지닌 에스프레소, 카페라테, 카프 치나, 아메리카노…. 커피를 마시는 일이 일상화되어 밥은 못 먹어도 커피를 마시고, 어느 틈엔가 우후죽순처럼 생긴 카페는 주택가 골목까지 파고들었다.

문화는 시대의 흐름에 맞게 원칙과 상식이 통하는 방향으로 변한다. 예전에는 다방이 조용한 대화가 어울리는 소중한 만남의 공간이고, 사회적 지위와 역할을 상실한 사람들이 모여 차를 마시며 담소를 나누던 장소였다.

겨울이면 난로 위에서 보리차가 설설 끓고 있어서 몸을 녹이며 DJ에게 신청곡을 건넸고 한쪽 벽에 메모지를 꽂아놓아 소통하는 소통의 공간이었다. 온다는 믿음이 있고 기다린다는 믿음이 있어,

기다리는 동안 테이블 위에 놓인 성냥개비로 탑을 쌓으며 온몸으로 기다렸다.

카페가 늘어나는 원인을 보면 우리의 정서 생활과 무관하지 않은 것 같다. 우리는 정이 많아서 몇 번 만나면 바로 친해져 이웃사촌의 안부까지 챙기며 대화를 이어간다. 시골 동네마다 느티나무 아래 평상이 있고 빨래터와 우물이 있어 정보를 나누고 정을 나누었다.

빨래터는 응어리진 마음과 얽히고설킨 일을 풀어내고, 가슴속 미움과 서러움을 헹구던 사랑방이다. 우리 몸속의 유전자는 사랑방이나 우물가, 빨래터, 여름날의 평상을 기억해 내고 잠시 쉬어갈 공간을 찾아 카페로 모여드나 보다. 커피가 생각날 때도 있지만 잠시 들어가 앉아 카페가 주는 아늑한 공간의 여유로움을 즐기고 싶은 것이 아닐까?

식사 후 숭늉을 마시듯 커피를 마시는 일이 일상화되어 커피를 마시지 않으면 뭔가 마무리가 덜 된 듯 허전한 느낌이 들어 분위기 있는 카페로 향하게 된다. 카페가 제과점을 겸하는 분위기로 바뀌고, 찻값이 부담스럽다는 생각이 들지 않도록 전망 좋은 곳, 실내장식이 뛰어나고 분위기 좋은 곳을 찾는다. 전망 좋은 곳은 관광객의 명소가 되기도 한다. 젊은이들은 도서관 대신 카페에 앉아 책을 읽고 리포트를 작성하며 시간을 보낸다.

사람들이 많이 모이는 식당은 물론 은행이나 약국에서도 서비스 차원에서 커피를 준비해 놓고 있다. 전 국민이 커피 애호가가 되어

전량 수입을 하는 한해 커피양이 일억 오천만 kg쯤 된단다.

커피 수요가 급증하자 소비자들은 점점 더 고급스럽고 독특한 커피를 찾는다. 여러 과정을 거치면서 만들어진 커피로 나만의 맛과 향을 즐기기도 한다. 커피 한 잔 값이 한 끼의 식대 값과 맞먹는 말도 안 되는 세상에 산다.

달콤하고 쌉싸래하면서 고소한 커피 향이 발길을 잡는다. 대학교 앞이라고는 하지만 서너 집 건너 커피집이 있다. 바리스타 자격증을 따고 살림집을 개조해 아늑한 커피집을 만들어 블로그에 올려 손님을 끌고 있다. 골목으로 퍼져나가는 커피 향이 코끝을 자극해 기웃거리다 발길을 돌린다.

등록문화재를 찾아서

인천문화관광 해설사들이 춘천을 찾았다. 그분들의 관심사는 보물로 지정된 문화재가 아니다. 탑이나 당간지주, 절은 어느 정도 지식을 갖고 있어 등록 문화재인 소양로 성당과 춘천문화원을 답사하고 싶단다. 안내하기 위하여 인터넷을 뒤지고 자료집을 구하려 시청 문화관광과에 갔지만 만족할 만한 자료를 얻지 못하였다.

춘천에서 40년 넘게 살았고 10년 넘게 드나들었던 문화원 건물이 도지사 관사로 사용하다가 1999년 문화원으로 바뀌었다는 사실만 알고 있을 뿐 역사나 건축 등에는 별로 관심이 없었다.

2004년 9월 4일 등록문화재 107호로 지정된 건물은 몰타르 위에 수성페인트로 외장을 하였다. 1959년 공병대의 도움을 받아 도지사 관사로 지어졌으나 설계자와 시공자가 명확하지 않다.

5.16. 군사혁명 직후라 군인 출신이 지배하는 관선 시대였다. 고위 인사들이 도정을 논의하는 접객 장소로 쓰였다. 시청 건물보다 4.5M 높게 지어진 것은 도지사의 권위를 의식한 듯싶다. 건물 주

위에 나무를 많이 심고 왼쪽으로 휘어진 길을 오르면 대문이 또 있어 외부 사람의 시선을 차단할 수 있다.

보통 건물은 현관을 마주 보고 들어가는데, 외벽으로부터 캐노피로 돌출시켜 놓아 측면으로 들어간다. 캐노피의 하중을 지탱하는 V 자형 기둥은 '승리'를 상징하게 의도적으로 만든 것처럼 보인다.

2층을 강의실로 썼지만, 예전에는 연회장으로 사용해 한쪽 벽이 긴 수직 창이라 계단은 물론 내부 깊숙이 빛이 잘 들어오고 발코니와 외부와의 연속감을 준다. 지사 접견실이 문화원장실로, 거실은 사무실, 지하 보일러실과 서고는 창고를 쓰이고 있다.

내부가 미로같이 답답하다고 생각하였더니 살림집이 사무실로 용도 변경되었으니 당연한 결과다. 그 앞을 지날 때마다 옛 추억을 꺼낸다. 도심 한가운데인데 울창한 숲이 보기 드물게 잘 가꾸어져 있었다. 벚꽃과 철쭉이 피고, 노란 은행잎이 발목까지 덮고…. 가끔 비좁고 단열이 안 되는 더운 강의실을 벗어나 은행나무 밑에서 수업하였다. 아름드리 은행나무에 기대고 앉아 교우들과 대화를 나누며 마시는 커피 맛은 최고였다.

낡고 오래되었거나 불편하다고 헐고 새로 건축하는 것이 능사는 아니다. 시청을 새로 지으면서 문화원을 오르는 길은 평지로 주차장이 되고 나무가 사라진 자리는 잔디가 덮였다, 옛 문화원 건물만 쓸쓸하게 남아 있어 아쉽다.

소양로 성당도 2005년 등록문화재 161호로 지정되었다. 한국전쟁 때 인민군에게 끌려가 총살당한 소양로 성당 주임 신부님이신

클리어 신부님(Anthony collier)을 기념하기 위해 성당을 짓는 임무를 맡아 중국에 계시던 토마스 신부님이 오시게 되었다.

그분은 로마에서 작은 성당을 보신 후 소박하면서도 아름다워 언젠가는 나도 똑같은 성당을 짓고 싶다는 원을 품고 계셨다. 한국으로 오실 때 중국인 최고 기술자 2명을 데리고 오셨다. 그 당시 최고의 목재를 구하기 위하여 중국인 기술자들이 원하는 목재를 서울에서 구매해 건축한 결과 70여 년이 지난 지금도 뒤틀림이 없이 새것같이 윤기가 흐른다.

외부는 일체 장식이나 기둥이 없는 시멘트 구조물로 되었고, 실내는 목조다. 내부는 제단을 중심으로 신자 석이 부채꼴로 고르게 배열되어 있어 제대와 가깝고 신부님의 강론이 어느 곳에서나 잘 들리도록 설계되었다. 중앙에 현관과 고백소가 있고 좌우 끝에는 제의실과 유아실이 덧붙여 있으며 고백소 위로 성가대 자리가 예쁘게 꾸며져 있다.

마룻바닥 밑은 공간이 깊고 외벽에는 공기가 통하는 창이 있으며 지붕과 천장 사이의 공간도 사람이 다닐 만큼 높은 공간이 있어 외부에서 보면 건축미가 뛰어나고, 나무가 썩는 것을 막아 주며 단열의 효과까지 있다. 얼마나 튼튼하게 지었는지 70년이 지난 지금도 수리를 위하여 천장 공간으로 사람이 다녀도 끄떡없다.

성당 안은 화려한 스테인드글라스 창을 통하여 들어온 빛이 밝으면서도 엄숙하고 조용하다. 스테인드글라스 창이 천국의 빛을 비추듯 생명력을 불어넣어 주고 있다. 작은 공간에서만 느낄 수 있는 아늑함이 배어 있다.

춘천 사람들은 등록문화재에 대하여 얼마나 알고 있을까? 우리 고장의 문화재를 주인인 우리가 소중히 여기지 않으면 남도 하찮게 여기기 쉽다. 문화란 사람과 역사, 공간, 그리고 자연이 함께 어우러져 만들어 낸다. 노송에서 품위가 느껴지듯이 오래된 문화재일수록 아름다움이 깊게 담겨 있다.

콩 심은 데 콩 났다

집 안에 식물이 있으면 전자파와 미세먼지를 흡수하고 습도가 조절돼 쾌적하다. 철 따라 꽃이 피면 정서 생활에 도움이 되고 눈요기도 그만이다. 식물 키우는 일을 좋아해서 좁은 집은 생각지 않고 화분이 넘친다. 다육이나 덩굴식물보다 관엽식물을 즐기는 편이다.

몇 년 전 산세비에리아 열풍이 불었다. 공기를 정화 시키고, 음이온이 나오며, 전자파를 흡수한다는 방송이 나온 후, 꽃집을 지날 때마다 산세비에리아로 눈길이 갔다. 쭉 벋어 큰 키를 자랑하는 것, 잎이 넓어 아담한 것, 잎에 노란 테두리를 둘러 귀하게 보이는 것. 표범 가죽같이 얼룩무늬가 있는 것. 덩굴을 뻗거나 가지를 치지 않고 곧은 잎이 힘차며 단정해 보여서 좋다.

어버이날 양로원으로 봉사 가니, 3년 동안 아이를 돌보듯 키우셨다는 산세비에리아를 분홍 한지에 곱게 싼 후 리본을 달아서 주셨다.

산세비에리아는 아프리카가 원산지로 물도 싫어하니 물 주는 것을 잃어버려도 된다고 하시면서 키우는 방법까지 설명해 주셨다. 그 어떤 선물보다도 귀하기에 소중히 안고 왔다.

식물의 굵은 뿌리는 몸을 지탱해 주고 잔뿌리는 물과 양분을 흡수하는데 산세비에리아는 솜털 같은 잔뿌리에 쌓여 있다. 서로 의지하면 쓰러지는 것을 막을 수 있을 것 같아 비닐 끈으로 묶어 주었다.

자리를 떠서 몸살을 앓는지 그 상태로 연명하고 있다가 해가 바뀌자, 옆에서 새순이 올라오기 시작했다. 새로 올라온 잎을 볼 때마다 궁금증이 인다. 처음 가져올 때는 잎이 노란 띠를 두르고 있어 고급스러웠는데 어찌 된 일인지, 뽀얀 싹이 나오더니 자라면서 진녹색 얼룩 가로줄 무늬가 나타난다. 그렇다면 처음 가지고 온 산세비에리아는 돌연변이였나? 돌연변이 난이 귀한 대접을 받듯 노란 줄무늬에 미련을 가지고 새로 나온 줄기마다 관찰한다.

어느 날 상갓집에서 식사하다가 끼리끼리 모여 앉아 저녁 먹는 모습을 무심히 쳐다보니 친족인지, 친정 식구인지, 한눈에 구별되었다. 이산가족 상봉 때도 삶의 환경은 다르지만, 얼굴과 체형이 닮아서 '콩 심은 데 콩 난다.' 하는 속담을 증명하고 있었다.

자식도 부부 사이의 좋은 유전자만 받았다면 얼마나 좋을까? 친구 아들은 어머니의 작은 키와 덧니까지 닮아서 늘 불만이다. 어떻든 콩 심은 데 콩 나지 않았는가? 사회생활을 하는데 외모보다는 성격이 더 중요하다. 나폴레옹의 키를 들먹이며 잘생긴 외모와 어머니의 상냥함을 닮아서 좋다고 설득한다.

나뭇잎의 무늬는 대개 엽록소의 결핍에 따라 돌연변이가 나타난다. 이를 꺾꽂이나 접목으로 번식시키면 원래 혈통을 찾아간다. 아주 조금씩 시작해 모든 잎이 바뀔 때까지 멈추지 않아 원래의 모습으로 바뀐다.

우리 집에 있는 산세비에리아도 새로 나온 줄기마다 노란 테두리가 없고 진녹색 얼룩무늬가 있는 것을 보니 본래의 모습을 찾는 중인가 보다.

좋고 나쁜 것이 어디 있겠는가? 노란 테를 두른 것은 밝고 귀해 보여서 좋고 직선으로 뻗은 푸른 줄기는 강한 힘이 느껴져서 좋다.

주어진 환경에 적응하며 묵묵히 식구를 늘리고 있다. 꽃이 피면 행운이 온다는데 해마다 여러 개의 꽃대가 올라와 행운까지 불러온다. 꽃을 가꾸는 사람은 자신도 모르게 그 향기가 몸에 스며 있다.

물티슈로 산세비에리아 줄기를 닦아준다. 쏙 얼굴을 내민 새싹이 반갑다.

부전자전

마음이 천당에 있으면 세상이 아름답고 살 만한 세상이고, 마음이 지옥이면 생각이 꼬이고 불만이 많아진다. 세상을 보는 눈이 삐딱해져 곁에 있는 사람까지 힘들어진다.

남편이 미우면 시집 식구는 물론 자식도 밉다. 하는 짓이 아비를 닮았으니 곱게 보일 리 없다. 오죽하면 시 자가 들어가는 시금치도 보기 싫다고 할까?

부자지간에는 외모와 식성만 닮는 게 아니다. 딸은 아버지를 많이 닮고, 아들은 엄마를 많이 닮는다. 내가 아는 분은 외모뿐만 아니라 성격까지 부자가 닮았다. 약속을 지키는 것, 굳은 의지, 추진력, 고집이 센 것도 닮았다.

술로 인해 직장에서 유명해진 사람 이야기가 두고두고 화재다. 술을 좋아하는 사람은 술로 인한 실수를 하거나 병이 났을 때 끊겠다는 결심을 하지만 끊기 힘들다. 마음이 약한 사람은 술의 힘을 빌리기도 한다.

술을 들고는 못 가도 배 속에 넣고 간다는 공직자가 있었다. 이런저런 술 먹을 핑계 만들어 매일 술을 먹었다. 그 양반이 양곡 보관소로 발령이 나자, 동료들은 보관 중인 양곡을 팔아서라도 술을 먹을 사람이니, 감사에 걸려 밥줄이 끊어지겠다며 걱정하였다.

동료들끼리 한 말이 날개를 달고 돌고 돌아서 그 사람 귀에 들어갔다. 이 양반 아무 말 없이 다음 날부터 도시락 가방을 자전거에 싣고 출근하였다. 비가 오거나 눈이 와도 늦거나 결석하는 일이 단 한 번도 없었다. 미끄러져 다리를 절며 자전거를 끌고 온 날도 있었다.

동료가 점심을 같이 먹자. 청하면, 싸 온 도시락을 먹어야지 쉬어서 버리게 된다며 거절하였다. 애써 회식 자리는 피하지만 직장 생활이란 것이 피치 못 할 때가 있다. 참새가 방앗간 앞을 그냥 못 지나간다는데 애주가가 얼마나 먹고 싶겠나! 술자리가 무르익으면 그 사람을 꼬드겨 술을 권했지만, 아들과 한 약속을 지킨다며 끝끝내 참아내서 독종이란 말도 들었다. 아들과의 약속이라 하지만, 약속을 지킬 줄 아는 의지가 굳은 사람이다.

어느 날 고등학교 일 학년인 아들이 중간도 못 드는 기말시험 성적표를 받아와서 화가 머리끝까지 치밀어 크게 꾸짖었다. 아들은 집구석이 공부할 분위기냐. 아버지는 매일 술에 절어 늦게 들어와 엄마와 싸우고 집안 살림이 부서지니 시끄러워 공부할 수 없고, 동네 사람 보기도 창피해 학교 가기가 싫다. 하며 문을 쾅 닫고 제 방으로 들어가 버렸다. 여니 때 같으면 방문이 부서지고 주먹이 올라갔을 텐데 그날은 무언가 가슴을 울렸다.

"그럼 내가 술을 끊으면 공부할 수 있겠냐?" 낮은 소리로 물었다. 시험 성적을 단번에 상위권으로 끌어 올릴 수 없지만, 열심히 공부해 아버지가 만족할 만한 대학에 가겠다. 눈을 똑바로 뜨고 대들었다. 문밖에 있는 아내는 큰일이 벌어질까 봐 벌벌 떨고 있었다. 나는 내일부터 술을 끊겠다. 하자, 성적이 올라가는데도 아버지가 술을 마시고 오시면 집에 불을 놓고 죽어버리겠다. 하였다.

다음 날부터 술을 끊었다는 소문이 퍼지자 일부러 친구들이 찾아와 꼬드겼으나 머리를 흔들었다. 성적이 내려가는 것은 한순간이지만, 상위권으로 올라가기가 얼마나 힘든가. 아들도 열심히 공부해 서울로 갈 만한 실력을 갖췄지만, 집안 경제를 생각해 한림대학교 의과에 합격하였고, 졸업 후, 한림대학 병원에서 2명을 뽑는 의사 시험에 합격하였다. 바로 밑의 딸도 공무원 시험에 합격하였다.

남자 일언 중천금이란 말을 실천한 사람이다. 가장의 책임과 역할이 얼마나 중요한지 보여준 예다. 지금은 퇴직하였지만, 전설로 남아 있다. 부부만 사니 술을 마셨다고 잔소리하는 사람이 없지만, 자신이 정한 주량만큼만 마시니 실수하는 일이 없다. 고집을 꺾을 수 없기에 옆에 사람도 더 이상 권하지 않는다고 한다.

'가족한테 사랑받지 못한 사람이 가장 불쌍한 사람'이란 말이 있다. 젊어서부터 올바르게 살아야겠지만, 술로 인해 알코올 중독자가 되거나 패가망신한 사람은 본받아야 하지 않을까.

긍정적인 생각이 복을 부른다

같은 말이라도 듣는 사람에 따라 반응은 다르다. 매사를 긍정적으로 생각하는 사람이 있는가 하면 부정적인 사람이 있다. 부정적으로만 보는 사람은 곁에 의지할 만한 사람이 줄어드니 외롭겠다. 여러 번의 난리를 겪으며 힘들게 생활한 어른들은 불평 대신, 부덕한 내 탓이라 했고, 그만하길 다행이라 하며 긍정으로 생각하였다.

김훈 작가의 강연을 들었다. 우리의 말과 글은 모든 사물의 형상과 소리, 의성어, 의태어로 표현할 수 있다, 하지만 말의 장단에 따라서 뜻이 다르니 참 어렵다. 원고지 한 장 분량의 문장에서 한자어를 빼면 뜻이 통하지 않는다.

최만리는 세종이 한글을 창제하자 반대 상소문을 올렸다. 새로 만든 글자가 쉬운 만큼 중국의 학문을 멀리하게 될 것이며, 관리가 언문만을 습득하고 학문하는 문자를 돌보지 않으면 시골의 상말만 쓰게 된다. 옛것을 싫어하고 새것을 좋아한다. 일본, 서번 등 자신들의 글자를 가진 나라처럼 오랑캐가 될 수 있다 하였다.

19세기 후반까지 한글 소설은 띄어쓰기가 되어 있지 않았고, 지금은 쓰지 않는 자음이 4개 있으며 토속적인 언어가 있어 읽기 힘들고, 그 뜻을 쉽게 이해하기 힘들었다.

미국인 선교사며 대한민국 독립운동가로 활동하신 호머 헐버트가 최초로 한글 띄어쓰기와 한글 교과서를 만들었다. 띄어쓰기를 하니 호흡이 조절되고 이해가 빠르며, 학교에서 한글 교과서로 수업하니 표준말을 쓰게 되었다.

글은 가장 쉬운 단어로 표현하여 누구나 쉽게 이해할 수 있는 글이 잘 쓴 글이다. 우리 글은 소리글이라 변한다. MZ 세대들이 쓰는 단어도 지금은 이해하기 어렵지만 세월이 흘러서 대중이 보통 쓰는 말이 되면 국어사전에 오른다. 비행기 하면 어린아이들도 다 알아듣는데, 우리 말과 글을 지킨다고 굳이 '날틀'이라 하면 되겠는가? 핸드폰으로 의사소통을 빠르고 쉽게 하려고 줄임말을 많이 쓰지만 그것도 옳지 않다.

코로 맡을 수 있는 온갖 기운을 한자로 표현하면 향기고 우리말로 표현하면 냄새다. 같은 뜻을 지니고 있지만, 향기는 꽃이나 향수, 또는 바르고 단정한 사람에게서 나오는 기운을 말하고, 냄새는 더러운 것, 썩은 것, 어떤 일을 미리 알아차릴 수 있는 조짐을 비유적으로 이르는 말처럼 느낀다.

건강을 잃으면 모든 걸 잃는다 해도 남의 말인 줄 알았는데, 가정에 우환이 생겨 건강의 중요성을 깨달았다. 자연히 카톡 답장의 끝은 건강하셔요. 하고, 친하다고 생각하는 사람한테는 끼니 잘 챙기시라 하였다. 끼니를 굶던 시절의 인사말인데, 내가 끼니도 못 챙길 만큼 가난한 것처럼 들린다며, 언짢아하였다. 끼니는 아침, 점심, 저녁과 같이 하루 세 번 일정한 시간에 먹는 밥을 말한다.

어머니는 배고프던 시절 밥의 정서가 있어서인지 직장 다니는 딸의 전화를 받자마자 "밥은 제때 먹고 다니냐." 하시고 마지막 인사는 꼭 "끼니 잘 챙겨라." 하셨다. 끼니란 단어가 내 머리에 입력이 되어 있어서인지 아무렇지도 않은데 그분은 귀에 거슬렸나 보다. '아 다르고' 어 다른 말이 아닌데도 듣는 사람에 따라 품격이 다르게 느껴지나 보다. 평생 쓰고 있는 우리말이 참 어렵게 느껴졌다.

김훈 소설가는, 소설은 상상의 글이라 하지만, 역사 소설은 여러 번 현지를 답사하고 자료를 수집하고 수년 동안 퇴고를 하여 내놓는다. 소설 『하얼빈』을 쓰기 위해 중국을 여섯 번 답사하였다. 발간된 내 작품도 읽지 못하겠더라.

인터넷에는 잘 못 된 정보가 많으니, 인터넷에 의존하지 말고 컴퓨터 옆에 국어사전을 놓아라. 우리말을 70년 넘게 쓴 나도 국어사전을 옆에 놓고 수시로 단어를 찾는다. 하였다. 국어사전을 꺼내서 먼지를 털어 옆에 놓았다. 톺아보고 분석하는 것은 피곤하다. 귀에, 거슬리는 말은 그냥 흘려보내고 긍정적으로 생각하려고 노력해야겠다.

아름다운 손

가냘프고 하얀 손은 아름답다. 핸드폰을 들고 피아노를 연주하듯 현란하게 문자를 보내는 여학생의 손놀림에 눈길이 간다. 검게 탄 내 손이 부끄러워 슬그머니 주머니에 넣었다.

KBS 「6시 내 고향」 프로는 화요일마다 오만 보를 걸으며 고향 소식을 전해준다. 코로나19로 만나지 못하는 가족을 전화로 연결해 고향 소식을 전해주고 추억이 깃든 장소를 사진으로 전송해 주어 감동을 준다.

이번 주는 지리산 자락의 청정지역인 산청에서 빨갛게 익은 산딸기를 따는 모습을 보여준다. 고향을 떠나 부산에서 6년쯤 살다 사업에 실패해 맨손으로 고향에 돌아와 산비탈을 개간해서 산딸기를 심어 네 자식을 키운 분의 사연이다.

서울에 사는 아들은 코로나19로 부모님을 뵌 지 일 년 반쯤 지났다. 대부분 어렸을 때 추억이 담긴 장소를 보내 달라는데 무슨 사연이 있는지 어머니 손을 보여달라 한다. 산딸기를 앞에 놓고 장

갑을 벗자, 관절염을 앓은 흔적으로 손가락이 뒤틀렸고, 쇠말뚝을 박다가 망치에 찧었다는 왼손 엄지손톱은 아예 흔적만 있다.

농사일이라는 게 어디 쉴 틈이 있나? 비탈진 산을 개간해, 돌로 축대를 쌓은 후 산딸기를 심고 몇 년 후 다시 돌을 주워다 축대를 쌓으며 넓혀나갔다. 비탈밭을 오르내리느라 무릎이 닳고 산딸기나무의 잔가시가 몸에 박여 상처로 남았다. 화면이지만 어머니 손을 본 아들과 부모님이 서로 마음이, 통하여 눈물바다가 되었다.

우리 어머니의 손을 보는 듯해서 나도 가슴이 찌르르하더니 눈물이 주르륵 흘렀다. 평생 민얼굴에 무명옷으로 사셨지만, 자식 사랑하는 마음은 바다만큼 넓어서 딸들에게 새벽밥을 먹여 20리 밖 고등학교에 보내셨다. 근동에서 딸들이 고등교육을 받는 집은 우리 집뿐이었다.

내 집에서 귀하게 대접받아야 남도 위한다며 딸들에게 큰소리 한 번 안 치셨다. 음식 솜씨가 없으면 남의 집 큰일에 가서 설거지나 하고 손이 여물지 못하면 시집가서 책잡히고 고생한다고 계모처럼 집안일을 가르치셨다.

어머니는 식구가 많고 외출이 잦은 아버지 대신 아침부터 늦은 밤까지 쉼 없이 일하셨다. 떨어진 감투는 다 쓰고 다닌다는 어머니 말씀처럼 아버지가 외출하실 때마다 정갈한 의복을 갖춰 드리는 일만 해도 힘든데 농사일도 어머니 차지였다.

어머니의 손가락은 휘고 발뒤꿈치는 갈라졌으며 손톱은 늘 풀물이 들어있었다. 얼마나 철이 없었는지 밤새, 끙끙 앓는 소리가 싫어서 일이란 해도 해도 끝이 없으니 좀 쉬시라 했다. 장롱 옆 벽에는 빨강, 검정, 흰색 실을 바늘에 꿰어 꽂아서 놓으라 하셨다. 어머니 나이가 되어서야 노안으로 바늘귀 꿰기가 힘들다는 것을 알았다.

적십자 건물 앞에는 서로의 손을 맞잡은 청동 조각작품을 볼 때마다 어머니의 손이 떠오른다. 거친 어머니의 손이 잡아주고 쓰다듬어 주셨기에 오늘 내가 편히 산다. 손을 잡는다는 것은, 두 사람 마음이 통한다는 뜻이다. 헌혈은 누군가 꼭 필요한 사람을 위해 아무 조건 없이 생명의 일부를 나누어 주는 성스러운 일이다. 인간을 창조하신 조물주의 오묘한 힘이 꺼져가는 생명을 구할 수 있도록 배려해 주신 것이 아닐까?

'내가 한 이 헌혈이, 내가 한 이 작은 사랑이, 다른 사람에게는 희망의 불꽃을 피우는 장작이 되게 하소서' 헌혈하는 동안 기도한다는 헌혈자의 아름다운 손이다.

손은 그 사람의 이력이 들어 있다. 어떤 손은 얼굴보다 더 깊은 표정이 담겨 있다. 일을 많이 하면 손이 거칠고 마디가 굵거나 뒤틀어진다. 굽고 거친 손은 허리 펼 날 없이 일에 매달려 사신 우리 부모님의 모습이다. 애초 고운 손으로 태어났지만, 세월의 흔적이 쌓여 뭉툭해지고 굳은살이 박였다. 심지어 지문마저 없어졌다. 어지간하면 병원 가는 일도 접고, 농사일에 매달렸으니, 다리가 휘고 허리가 굽은 것은 당연한 일이다.

뒤틀리고 거칠어도 열심히 산 흔적이 담긴 손은 아름답다. 허기를 참으며 집안을 일으켜 세우고 자식 공부를 시킨 어머니의 손은 거룩한 손이다. 어머님이 안 계시니 잡아 드릴 손이 없어 가슴이 저려온다.

만지고 싶은 희고 고운 손이 아닌 세상에 내놓아도 부끄럽지 않은 손을 갖고 싶다.

암 덩이를 안고 죽어가는 나무

백련사에서 다산 기념관으로 이어지는 숲길은 활엽수와 침엽수가 적당히 섞여 있어 쾌적하다. 반들거리는 동백 잎이 적당히 햇빛을 가려주고 차나무가 향을 더해준다. 이 좋은 곳에 산새와 곤충들의 지저귐이 들렸으면 금상첨화겠지만 사람의 소음이 심해 피난 갔는지 조용해서 허전하다.

쭉쭉 뻗은 나무 중 참나무 한 그루가 커다란 혹 덩이를 달고 말라 죽어가고 있다. 나무의 중간쯤 사람의 머리통만 한 게 붙어 있어 처음에는 커다란 벌통이 붙어 있는 줄 알았다. 나무 혹이란다.

나무도 사람같이 혹이 생기는가 보다. 악성종양 또는 암이라고 하는 혹은 세포가 비정상적으로 자란 것으로 살아 있는 세포 어디에도 생길 수 있다. 정상 세포의 영양을 가로채고 압박하며 다른 조직에 침투해 죽음에 이르게 한다. 암세포가 성장 속도를 줄여 정상 세포와 공생하면서 큰 고통 없이 생을 마칠 수 있으면 좋으련만 결국은 암세포도 함께 죽음을 맞게 된다. 적당히 타협하지 못하고 욕심을 부리다 스스로 파멸하는 암 덩이는 처음부터 죽기 위해 태어나지는 않았을 것이다.

암은 우리나라의 사망원인 1위다. 조기에 발견할수록 완치율이 높으며 의학의 발달로 사망률이 줄고 있지만, 공포의 대상으로 몸에 이상 징후가 보이면 암부터 의심하게 된다. 의학상식이 곳곳에 널려 있어 괜한 걱정을 할 때도 있다.

나도 암의 공포를 경험한 적이 있다. 며칠 전에는 친한 봉사원이 유방암으로 수술받았고, 의지하던 동네 형님은 유방암이 간으로 전이가 되어 돌아가셨기 때문에 유방암에 대한 두려움이 컸다. 홀수해에 하는 건강검진 때 유방암 검사를 받았는데 재검받으라는 결과가 나왔다.

의학 사전을 찾고 인터넷을 뒤지니 유방암은 전이가 잘된단다. 오만가지 상상으로 입맛이 쓰다. 암이 잘 생기는 체질은 나중에 암으로 사망할 확률이 높다. 한다.

나를 잊고 산 세월이 너무 억울하다는 생각이 들어 잠이 안 왔다. 아깝다고 아낀 물건에 눈이 갔다. 정기예금통장에 비밀번호를 끼워 날짜별로 묶어서 맨 위 서랍 앞자리에 넣고, 집안 살림도 쉽게 찾을 수 있도록 차곡차곡 정리하고, 형제들에게 돌아가며 안부 전화하였다.

한편으로는 내가 없어져야 얼마나 소중한 사람인지 깨달을 것 같다는 생각이 들어 아예 치료를 거부하고 숨어 버릴까? 하는 생각이 들기도 했다.

다 큰 아이들은 엄마가 없어도 잘 살겠지만, 집안일을 손 하나 까딱하지 않고 사는 남편이 문제다. 냉장고에 있는 것도 제대로 찾아 먹지 못하는 사람, 세탁기 하나 돌리지 못할 텐데….

“죽은 사람만 억울하지 새 장가가서 잘만 살더라.” 숙모님 친구의 말도 귓가에서 앵앵거렸다.

식구들 모르게 대학병원에 가서 검진받았다. 물혹이 있는데 자라기도 하고 없어지기도 하니 3개월 후에 다시 촬영해 보자는 말을 듣고 며칠 동안 쓰던 소설에 마침표를 찍었다.

죽는 것 보다 그 과정이 오래가서 식구들을 힘들게 하는 걱정이 더 크다. 만병의 원인은 마음에서 온다더니 며칠 사이 기가 꺾이고 한결 순해진 느낌이다.

나무가 저만큼 성장하려면 몇십 년은 족히 걸렸을 텐데. 암 덩이를 달고 죽어가는 저 나무는 얼마나 괴로울까? 수없이 지나치는 사람들에게 구원의 눈길을 보내겠지. 외과 수술로 암 덩이를 제거하듯 나무도 일찍 도려내 주었다면 죽지 않고 잘 자라지 않을까? 나무도 해충이나 병균이 침입하면 올곧게 성장을 하지 못하고 죽는구나.

사람도 큰 상처의 흔적이 생명에는 지장이 없듯이 나무에 구멍을 뚫어 수액을 채취하고 새가 구멍을 파 집을 지어도 물관과 체관이 흐르면 잘 자란다. 균이 뿌리로 빨아올린 수액의 이동 통로를 막고, 해충이 중간에서 꾸준히 수액을 가로채면 나무는 영양실조와 수분부족으로 끝내는 죽게 된다.

연륜이 더 할수록 보기 좋은 것이 나무다. 이제까지 산림의 녹화에 힘썼다면 이제는 나무의 성장과 질을 생각할 때다. 산행 중에도 가끔 혹을 달고 있는 나무를 보았지만, 무심히 지나치고 말았다. 죽어가는 나무가 애처로워 자꾸 돌아보았다.

그랭이 질

왜정 때 지었다는 집 툇마루에 걸터앉아 대추나무에 앉아 우는 매미 소리를 듣고 있다. 마당을 통해 들어오는 바람이 상큼하다.

집을 지을 때는 기초를 다지고 주춧돌 위에 기둥을 세우고 서까래를 올린다. 어느 것 하나 건너뛰거나 건성으로 할 수 없다. 옛날 대목은 설계도가 머리에 들어 있었다. 건물의 규격에 맞게 모든 재료를 자르고, 깎고, 다듬어서 쌓아 놓은 후, 터를 다지고 주춧돌을 놓은 후 하나씩 조립해 나간다.

나무를 베면 이태쯤 두어 나무의 응력을 삭이고 그늘에서 말리기를 한 후 다듬는다. 나무의 나이테를 보면 남쪽은 골이 넓고 북쪽은 촘촘하다. 나무가 자란 방위와 위, 아래를 본래 모습으로 맞춰 놓아야 기둥이 틀어지거나 변형되지 않는다.

건물을 지을 때 나무 기둥 아래에 숯가루와 소금을 넣으면 해충과 습기의 피해를 줄일 수 있다 한다. 받침돌을 반들반들하게 다듬고 나무 기둥 길이를 일정하게 만들면 쉽다. 그랭이 기법은 주춧돌이 생긴 모양에 맞게 나무 기둥을 다듬어서 요철처럼 맞춘 것이다. 기둥의 높이가 다르지만 서로 간에는 믿음이 있기에 바람이 심하게 불거나 지진에 견디는 힘이 크다. 천년의 세월이 흘러도 흩어짐이 없다.

관동팔경의 하나인 삼척 죽서루는 명승지다. 누(樓)는 사방이 트여있고 마루를 한층 높인 2층이다. 죽서루는 오십천 절벽 위에 세워진 건축물로 아래에서 보면 울퉁불퉁한 자연석에 맞게 길이가 제각각인 기둥을 세워 자연을 훼손하지 않았고 나무 계단이 아닌 자연석을 밟고 2층 누각을 오르게 되어있다.

그랭이 질은 나무 기둥을 세울 때뿐만 아니라 축대를 쌓을 때도 돌을 규격에 맞게 다듬어서 쌓지 않고 생긴 대로 서로 아귀가 맞게 쌓는다. 어느 것은 귀퉁이 한쪽을 파내어 요철처럼 맞추어 놓았다. 1,050 년 전에 쌓은 청평사 축대가 오늘까지 한점 흩어 짐 없이 보존해 있는 것도 아귀가 잘 맞은 결과다.

2016년 가을 경주지역에 5.8 규모의 지진이 발생했다. 한반도 좌표가 동쪽으로 1.4cm, 남쪽으로 1cm 이동해 피해가 컸다. 지진으로 집이 무너지고 문화재 일부가 파손되었으나 불국사가 지진에 견딘 것은 기초를 튼튼하게 잘 쌓은 조상의 지혜 덕이다.

기둥 길이가 제각각이고 휘어진 것도 연륜이 느껴지고 아름다운 것을 보면, 사람의 관계도 이같이 아귀가 잘 맞으면 마음 상할 일도 불편한 관계도 없이 삶이 술술 풀리겠다.

부부는 구백 생의 인연이라 한다. 서로 다른 환경에서 자랐고,

성격, 이상향… 등 처음부터 잘 맞기 힘들다. 세월이 흐르면서 모난 곳이 다듬어지고 비어 있는 공간이 채워진다. 말보다 눈이 먼저 의중을 읽는다. 머릿속에 상이 뱅뱅 도는데, 그 이름이 생각나지 않을 때 "있잖아, 창고에서 그것 좀 가져다주어" 해도 "알았어." 정확히 찾아낸다. 부부는 몸으로 하는 대화도 소통된다. 오래 살면 식성은 물론 얼굴도 닮는다더니 말투까지 닮는다.

목수가 받침돌과 기둥의 길이를 똑같이 재단하면 건축물을 세우기 쉽지만, 지진이나 태풍에 약하다. 가정도 파도가 일고 매서운 서리가 내릴 때가 있다. 태풍은 늘 있는 것이 아니다. 아귀가 잘 맞은 축대처럼 둘이 화합하고 힘을 보태면 큰 피해 없이 파도를 넘길 수 있다.

손때가 묻은 기둥에 기대서 툇돌 사이에서 자라는 이끼를 보며 추억에 잠겼다. 친정 옛집도 그랭이 기법으로 세워졌다. 마루 끝에 앉아 낙숫물 떨어지는 소리를 듣고, 햇살에 반짝이는 고드름을 따서 우적우적 깨물어 먹던 생각이 난다.

편리함 때문에 한옥이 사라지고 있어서 아쉽다. 내부는 편리하게 고쳐도 겉모습만이라도 남았으면 하는, 바람이다.

응급실 풍경

남편은 혈액이 부족 하니 응급실에 가서 수혈하라는 처방을 받았다. 담당 의사는 일주일에 이틀만 근무하니, 검사를 마치고 일주일 이상 기다리는 시간은 피가 마르는 것 같다. 65세 이상 노인들은 2개 이상 약을 먹는다더니 노인 환자가 많다. 앙상하게 뼈만 남은 사람, 휠체어에 의지해 가족의 부축을 받고, 침대에 실린 채 대기하는 사람을 보니 장수가 축복이 아니란 생각이 들었다.

응급실에서 수혈하는 동안 참 많은 경험을 하였다. 방심했다가 다치고, 감기 한 번 안 앓았다던 헬스장 트레이너가 쓰러졌단다. 쓰러진 사람이 오면 혈압을 재고, 링거를 꽂는다.

삼악산을 내려오다가 미끄러져 팔이 부러져서 온 환자는 복합골절이라 수술이 필요하지만, 집에서 가까운 병원에서 수술하겠다 하여 촬영 사진을 챙기고 임시 깁스를 한 후 서둘러 퇴원한다. 택시로 오라는 아들의 전화를 받고, "그래 알았다." 하셨는데 택시비가 많이 나올 거라며 ITX 열차를 예약한다. 얼마나 놀랐을까? 한

시가 급할 텐데도 병원비와 택시비까지 걱정하며 열차를 타자 하고, 두 개의 배낭을 들고 곁을 지키는 친구도 긴장이 풀렸는지 얼굴색이 돌아왔다.

열이 많이 나는 아이의 손을 꼭 잡고 기도드리는 엄마는 아이 대신 앓고 싶은 심정일 것이다. 복통으로 온 자폐증 아이는 작은 체구에 어디서 그런 힘이 나는지 떼를 쓰며 소리를 질러서 귀가 먹먹하다. 보호자는 일상 있는 일인지 환자가 지칠 때까지 관심을 끊고 있는데, 옆에서 듣는 사람은 숨이 막힐 지경이다.

자폐증 아이가 입원실로 올라가서 한숨 돌리는데, 주름이 깊고 머리가 하얀 80은 넘어 보는 환자가 119로 실려 왔다. 제초제를 마신 지, 4시간이 지나서 위를 세척할 수 없단다. 이상한 기계가 숨 가쁘게 돌아가며 머리와 가슴을 찍는다. 여러 개의 주머니가 팔과 다리에 주렁주렁 매달려 혈관으로 들어가고, 산소마스크를 씌우고 토하는 물을 호수로 빨아내고 있다. 제초제와 소주를 섞어서 마셨다니, 약병과 소주병이 증거물이 되었다.

경찰과 과학수사 조끼를 입은 수사관이 조사하느라 아들과 손주를 계속 불렀다. 등록된 보호자만 환자 곁에 있을 수 있다. 환자 곁에 있는 작은아들은 가족의 전화와 환자를 돌보느라 정신없다. 모시고 산 손주며느리는 아이를 안고 어깨를 축 늘어트린 채 구석에 서 있다.

어머니는 자신과 가족을 위해 아무리 고통스러워도 참고 견뎌야 하는 존재다. 아니, 하늘이 무너져도 온몸으로 떠받치고 있어야 한다. 어른이 참고 베풀어야 집안이 편한 시대로 변하고 있다. 그분은 일제 강점기와 6.25를 겪었으며, 배고프고 힘든 시기를 견뎌내고 증손까지 보셨다. 본인은 죽을 만큼 힘든 사정이 있겠지만, 죽고 사는 것은 하늘의 뜻이라는데, 수명이 얼마나 더 남았다고 그 나이에 가족에게 못을 박으려 했는지 안타깝다.

환자가 토하고 싸서 처리하느라 간호사들도 분주하다. 축 처져 있는 몸, 가슴 깊은 곳에서 끌어 올리는 짐승 같은 소리를 토해낸다. 얼마나 고통스러우면 저런 소리가 날까? 쥐어짜는 소리는 옆의 사람까지 소름이 돋는다. 의식을 확인하기 위해서 여기가 어디냐, 오늘이 며칠이냐, 이 사람은 누구냐, 큰소리로 묻고, 되묻는다. 묻는 말에 대답 못 하고 눈만 떴다가 감는다. 부모가 돌아가시고 나면 후회되는 일만 떠오른다. 그분이 무사해서 가족의 아픔을 덜고 효도할 기회를 주며, 생명의 소중함을 깨달았으면 좋겠다.

119에 응급환자가 실려 오면 의사, 간호사, 간호조무사 등이 달려들어 저마다 맡은 일에 손발이 척척 맞게 돌아간다. 취객이 아프게 주사를 놓았다고 욕을 퍼부어도, 싸고 토한 오물을 닦아내면서도 찡그리지 않는다. 간호사를 백의의 천사라더니 눈앞에 천사가 있다. 밤새워 환자를 돌보는 당직 의사와 간호사가 있어 화급을 다투는 환자를 살려내고 있다. 그들에게 고마움을 느꼈다.

환자로 가득한 응급실에는 저마다 안도의 가슴을 쓸어내리는가 하면 아픔을 토해내고 있다. 남편은 체중이 빠지고 기운이 없으며 기침이 나서 호흡기 내과, 심장 내과를 거쳐 혈액암 검사를 받을 때는 하늘이 노래졌다. 서울 큰 병원으로 가야 하는 것 아닌가. 치료가 힘든 병은 아닌가. 걱정의 화살이 백 개쯤 내 심장에 꽂히는 아픔이었다. 평생 직장생활 하느라 고생만 한 사람인데 아이들 출가시키고 노후를 편히 살려 하는데 수척해진 남편을 볼 때마다 눈물이 쏟아졌다.

평생을 스승으로 사는 분이 있지만 명성을 너무 쉽게 얻었다가 한순간에 잃기도 한다. 이름값 하며 살기가 얼마나 힘든가. 살아가는데 어떻게 좋은 일만 있겠는가! 괴롭고 힘들다고 목숨을 끊으면 살아남을 사람이 몇이나 될까? 부모 얼굴이 떠올라서, 자식이 눈에 밟혀서, 억울해서 이 악물고 살다 보니 주름이 지고 허리가 굽었다. '참고 살아온 결과는 어느 날 행운처럼 다가온다.' 하는 말처럼, 시간이 지나면 모난 돌도 부드러워진다.

남편은 나가서 밥 먹고 오라고 재촉하는데 점심때가 훨씬 지났는데도 배고픔을 느끼지 못한다. 기다리는 시간이 지루해서 책을 읽으려고 시집을 갖고 왔는데 보호자의 그늘진 모습, 신음하는 환자, 분주한 의료팀을 보니 죄송한 생각이 들어 책을 감추었다.

건강은 건강할 때 지켜야 한다. 누구도 건강을 자신하면 안 된다. 건강을 잃으면 모든 걸 잃는다는 말이 가슴에 와닿은 날이다.

창을 든 마지막 전사

한림대 안에는 조각작품이 많다. 일송아트홀 밑에는 긴 창을 들고 투구를 눌러쓴 채 말을 타고 있는 청동 조각상이 있다. 전쟁에 나가 승리한 장군이 아닌 고개를 푹 숙여 투구가 얼굴을 가린, 지쳐있는 듯한 모습이라 연민의 정이 간다.

고려 건국에 발판을 만든 신숭겸 장군이나 해전사에 남은 이순신 장군 동상은 긴 칼을 차고 있으며, 이목구비가 뚜렷하고 눈을 부릅떠 기백이 넘치는 당당한 장군의 모습이다. 존경의 대상이며 어린아이들이 닮고 싶은 미래상이다.

마지막 전사 조각상에는 'End of the Trail'은 아메리칸 인디언 전사가 말을 타고 있는 청동 조각상으로 James Earle Fraser가 17세 때 석고로 제작하였다. 1915년 샌프란시스코 박람회에서 조각부문 금상을 수상하였으며 1929년 Waupun City Shale Park에 청동 작품으로 다시 세워졌다.

이 작품은 백인과 대항해 수년간의 전투를 마치고 돌아온 인디언 전사의 모습으로, 여전히 창을 들고 있다. 이는 고향을 지키려는 아메리칸 인디언들의 강한 의지를 표현한 것으로 인디언 역사의 상징으로 인정받는다.

학교, 공원, 미술관 등 많은 장소에 설치 전시될 정도로 미국에서 가장, 유명한 조각작품 중 하나다. 긴 동판에 설명이 새겨 있다.

백인이 인디언 전사들 목숨을 빼앗은 후 머리와 가죽을 벗기는 끔찍한 모습, 인디언들의 생활 터전에 불을 놓아 여자와 아이들이 혼비백산해 도망가는 장면이 떠올라 청동판에 새겨진 설명서를 읽고 또 읽었다.

아메리카의 원주민을 인디언이라 부른다. 아메리카 대륙의 넓은 땅은 유럽인이 도래하기 수천 년 동안 인디언들이 부족을 중심으로 수렵과 채집을 하며 욕심 없이 평화롭게 살던 땅이다.

콜럼버스가 탐험한 후 유럽인들이 이주해 와 면역력이 없는 천연두와 홍역 같은 질병을 퍼트려 인구의 80%가 감소하였다. 미국의 14대 대통령 프랭클린 피어스는 인디언 추장 시애틀에게 땅을 팔라고 요구하였다. 전쟁의 준비 없이 평화롭게 살던 사람들에게 신식무기를 앞세워 땅을 팔라. 하는 말은 떠나라는 포고문이다.

추장 시애틀이 1855년 미국 대통령 피어스에게 보낸 답신에는 자연 사랑과 부족 운명이 걸린 절절함이 있다. '신선한 공기, 땅의 온기, 시냇물, 꽃, 사슴 등을 우리가 소유하지 않았는데 어떻게 판단 말인가. 우리는 대지의 한 부분이다. 언제나 그랬듯 사람들도 파도처럼 왔다 간다. 우리가 한 형제임을 당신들도 깨닫게 될 것이다.' 편지글에 감동한 피어스 대통령은 그들이 쫓겨난 땅을 추장

이름을 따서 시애틀(Seattle)이라 명명하였다.

고층 건물이 즐비해서 뉴욕의 상징인 맨해튼은 인디언 땅이었다. 17세기 초에 네덜란드 식민지 개척자들이 인디언으로부터 24달러와 한 수레의 가죽, 냄비와 럼주를 주고 빼앗은 땅이다. 땅을 지키고 동족을 보호하기 위해 많은 원주민이 희생되었다. 새로운 문명과 질병, 전쟁, 강제 이주로 그들의 숫자가 줄고 동화되어 문화와 정체성이 사라졌다.

아프리카 박물관과 대영제국 한국전을 관람하였다. 원주민들의 유물은 기교를 부리지 않아 간결하고 순순하며 자연숭배가 들어 있어서 우리의 청동기 유물과 흡사하여 정이 갔다. 순회전시를 통해 원주민들의 예술과 전통, 생활상을 짐작할 수 있으니, 빼앗은 문화재지만 선진국이 잘 보존하여 용서되었다.

하버드 대학 박물관 안에는 원주민 7,000명의 유해를 보관하고 있다. 한다. 나라가 가난하면 백성이 도륙당하고, 유물을 지키고 보존할 힘이 없다. 아프가니스탄 반군은 우상을 파괴한다는 명목으로 모술 고고학 공원에 있던 아시리아 시대의 유물 '독수리 날개 달린 황소'와 '로즈한의 신'을 파괴하였다. 탈레반은 미얀마 석불을 파괴하고 팀북투 고대 문서를 훼손하였다.

대학 안에는 학생들로 생기가 넘치고, 잘 가꾼 조경수와 조각상이 조화를 이루고 있다. 창을 든 마지막 전사 청동상은 무게감이 있고 어두워 눈길이 덜 간다. 학생들이 동판을 읽고 우리의 미래상을 한 번쯤 생각해 보았으면 한다.

칭기즈칸에게 배운다

코로나바이러스가 전국에 퍼져서 평범하던 일상이 변했다. 외출할 일이 적으니 시간적 여유가 있어 벼르던 책을 정리하였다. 시골에서 자라서 집안일을 돕느라 책 읽을 시간이 부족했고, 교과서 외에는 책을 구하기도 힘들었다. 서가에 가득한 책이 가장 부러웠다. 월급날 책을 한 권씩 살 때마다 뿌듯해 밤새워 읽었던 기억이 있다.

사 모은 책과 문인에게 받은 책까지 한쪽 벽면을 채웠다. 나이가 드니 체력에 한계가 있고 시력도 나빠져 책에 몰입할 수 없다. 책을 발간하기까지 얼마나 힘든지 알기에 소중히 간직했다. 한 번 읽은 후 다시 읽히지 않아 정리하기로 마음먹었다. 오래되어 누렇게 변한 책을 먼저 꺼냈다. 폐지로 버려도 한 번쯤 다시 읽고 버리는 것이 책에 대한 예의란 생각이 들어서 옆에 쌓아 놓고 읽었다.

읽고 나면 책의 줄거리는 물론 주인공 이름도 가물가물하지만, 엉덩이 싸움이란 오정희 소설가 말이 생각나서 싸움을 시작했다. 두꺼운 책부터 읽어야 점차 쉬워질 것 같아서 535페이지의 두꺼운 칭기즈칸을 집었다.

칭기즈칸은 태평양에서 지중해까지 8,000km 땅을 정복한 몽골 제국 건국자다. 정복당한 부족들은 공주나 왕비를 바쳐 황후와 황비가 48명이나 되었지만, 자신들 부족 풍습을 따르게 하고 공평하게 대하니 위계질서가 잡히고 평화로웠다. 아내를 빼앗아 간 메르키트족을 쳐서 그들의 전통 의복을 입고 있는 아내 보르테와 보르테가 낳은 적장의 아들을 데려왔다. 과거를 묻지 않고 제1 왕후 권위를 주었으며 아들은 훌륭한 무사로 키웠다.

부족을 정복한 후 노획한 재물과 여인을 부하들에게 골고루 나누어 주었고, 세금을 적게 받았으며 조공도 형편에 맞게 받아 민심을 얻었다. 칭기즈칸 자신도 평민과 같은 옷을 입고 먹었다. 전쟁에서 많은 희생자가 나왔지만, 세금을 적게 내고 부역이 줄었으며 가축을 기르고 농사를 지어 백성들의 삶은 오히려 윤택해졌다. 거짓 행동이나 거짓말을 가장 싫어해서 거짓이 탄로 나면 그에 상응한 벌을 주어서 휘하에 있는 장수들은 정직하고 충성스러웠다.

그는 '집안 사정 탓 말아라, 나는 아홉 살 때 아버지를 잃고 부족에서 쫓겨났다. 배고프다고 불평하지 말아라. 나는 쥐를 잡아먹으며 3년 동안 사막에서 살아남았다. 배우지 않아 내 이름을 쓸 줄 몰랐으나, 남의 말에 귀 기울여 현명해지는 법을 배웠다. 적은 밖에 있는 것이 아니라 내 안에 있다. 나를 극복하는 순간 나는 칸이 되었다.'라는 어록을 남겼다.

나라를 굳건히 지키고 백성을 아껴야 한다는 지도자의 통치 이

념은 800년이 지나도 바뀌지 않는다. 칭기즈칸 같은 지도자를 만났다면 백성들은 생업에 충실하고 평화롭게 살 것이다. 요즘은 뉴스를 안 본다. 대장동 사건, 백현동 사건, 양당의 대립이 끝날 줄 모르고, 화재와 전세 사기까지 나라가 들끓고 있다.

17세기 표류한 네덜란드인 하멜은 '조선 사람들은 남을 속이고 부끄러워하지 않고 오히려 잘한 일로 여긴다.' 했다. 의료기 대여 사업에 투자하면 고수익을 보장한다고 속여 4조 원대 사기를 친 조희팔, 코인 사기, 테라 창업자 권도형 셀 수 없다. 고등학생에게 설문지를 돌렸더니 범죄 대가로 10억쯤 받는다면 감옥에 가도 괜찮다고 대답한 사람이 절반이 훨씬 넘는단다. 평생 감옥살이를 하여야 한다면 그런 대답이 나오겠는가.

최근에는 건축왕이라 칭하는 사기범이 전국에서 나와 충격을 준다. 한 사람이 소유한 원룸이나 다세대 주택이 무려 2,800채라니 상상이 가지 않는다. 건설업자와 부동산 소개소까지 한통속으로 사기를 쳤다니, 이게 정상적인 나라인가?

피해당한 20대와 30대 세입자 중 자살자가 늘고 있다. '옛말에 벼룩이 간을 빼 먹는다.' 하는 말이 있다. 서민과 청년들이 일억을 모으려면 얼마나 힘든 줄 알기에 법이 너무 허술한 것 같아 화가 치밀어 올라온다.

사형을 시키지 않으니 사람 죽이는 일도 빈번하게 일어난다. 법은 공평하고 엄격해야 한다. 법을 잘 지키는 사람이 피해 보는 일은 없어야 한다.

너무 두꺼운 책이라 망설였는데, 소제목을 넘길 때마다 칭기즈칸 드라마 장면 하나하나가 떠올라 칭기즈칸에 푹 빠졌다. 책은 쉽고 재미있어야 읽는다. 내 작품집도 재미있나 집어 보는 계기가 되었다.

나를 찾는 길

이른 아침에 몇 년째 소식이 없던 친구한테서 전화가 왔다. "나 지금 너한테 가려고 하는데 괜찮지?" 헐렁한 일복을 입고 세수도 안 한 채 밭으로 향하던 길이라 마음이 썩 내키지 않았다.

"밭 근처에 가서 전화할게."

일방적으로 끊긴 친구의 전화를 받은 순간 아주 잠깐이지만 이혼했나? 집에 무슨 변고가 있나? 별의별 망상이 스치고 지나갔고 핸드폰에 신경이 쓰였다.

친구는 부잣집 딸로 태어나 미술대학을 졸업한 최고의 멋쟁이였다. 서글서글한 성격과 뛰어난 미모 때문에 남학생들 시선을 한 몸에 받았다. 우리는 만날 때마다 자존심 싸움으로 토닥이면서 늘 붙어 다녔다.

자유분방한 성격의 친구는 늦게 결혼하였다. 친구의 청첩장을 받고 반가웠으나 아이와 나 모두 입고 나설 변변한 옷이 없었다. 자존심 때문에 친척 집 결혼식과 겹친다는 핑계를 댔다. 결혼 후에도 핑계를 대며 모임에 참석을 안 했더니 자연이 사이가 멀어졌다.

친구는 눈곱도 떼지 않은 채 허름한 차림으로 달려와 밭머리에 털썩 주저앉아 깜짝 놀라게 했다.

"웬 바람이 불어 여기까지 왔니?"

"어제 시어머니와 남편이 한 사나흘 묵어 온다며 절에 가셨어."

"심심하기도 하고, 네 생각도 나서 드라이브 삼아서 왔지."

"애들은?"

"직장에 잘 다니고 있어."

김매는 것을 거들어 준다며 호미를 들고 풀을 뽑더니 반 이랑도 못 맸는데 힘든가 보다.

"두 식구 얼마나 먹는다고 이 고생을 하니?"

"나야말로 농사 경험이 없으니 남보다 힘은 더 들고 수확량은 적어. 하지만 열매가 조르륵 달리고 작물이 쑥쑥 크는 재미에 하루라도 밭에 안 나오면 궁금해. 밭에 오면 싱싱한 먹거리가 지천이잖아. 실한 것은 애들과 이웃에게 나누어 주고 지질한 것만 내 차지가 되지만, 흡족해. 농사짓기가 얼마나 힘든지 경험해 본 사람은 벌레 먹었다고 함부로 버리지 못한다."

친구는 그늘에 앉아 쉬는 동안 가슴에 쌓였던 사연을 술술 풀어냈다. 완고한 시어머니 밑에서 세끼 상을 꼬박꼬박 차려 드리며 시집살이했다. 남편은 평생 나 하나만을 바라보고 사신 어머니께 잘해야 한다는 말을 입에 달고 살았다. 언제부터인지 알 수 없지만, 윷가락 던지듯 툭툭 던지는 남편의 말이 방바닥에 떨어지지 않고 가슴에 콕콕 박혔단다.

어제 어머니와 남편이 절에 가시고 텅 빈 집에 혼자 있으니 갑자기 할 일이 없어서 막막하고 머릿속이 하얗게 빈 것 같다. 어려움을 견디고 직장생활을 꿋꿋하게 한 친구는 승진했고, 소질을 살린 친구는 명성을 얻었는데, 나는 그동안 무엇을 했나 하는 생각이 들었다. 평균수명까지 남은 시간을 계산하니 숨이 턱 막혔다. 할머니로 변한 거울 속 자신 모습을 보니, 빈 껍질만 남은 것 같아 서럽단다.

끝이 없이 이어지는 친구의 넋두리는, 복에 겨워하는 투정 같아 보였다. 속속들이 들여다보면 근심 걱정 없는 집이 어디 있나? 높은 산은 거센 바람을 막아 주어 아늑하고 믿음이 간다. 네가 높은 산 같이 바람을 막아 주고 자리를 잘 지켰기 때문에 아이들이 직장생활하고, 구십을 바라보는 시어머니도 건강하신 거야. 욕심에 붙잡혀 있으면 생각이 작아진단다. 이제는 식구들 걱정을 내려놓으렴.

"며칠 전, 우리말 겨루기에 고희를 넘긴 분이 대학생도 힘든 우리말 달인의 관문인 2단계까지 거뜬하게 통과하셨어." "암에 걸렸지만 포기하지 않고 방송통신대학을 졸업하셨어. 그분의 자신만만한 모습을 보니 우리 나이도 늦지 않았다는 생각이 들었어."

나이가 들수록 주어진 시간을 어떻게 활용하느냐에 따라 개인의 차가 많다. 마음 맞는 친구와 잡담을 나누고 쇼핑하며 놀이에 열중하면 그 시간은 즐겁지만, 남는 것이 없지, 취미 생활과 봉사하면서 얻은 기쁨은 생활에 활력이 된다.

"아직 늦지 않았어. 시어머니와 남편도 홀로서기 훈련이 필요하니까 점심상 차려 놓고 눈 딱 감고 나와 자신을 위한 시간에 투자해. 주위에는 취미를 살리고 사람을 사귈 만한 문화 공간이 많으니까 관심 두고 찾아봐. 그림 그리기를 다시 시작해도 좋고."

"한로가 되기 일주일 전쯤에는 고구마를 캐니까 우리집 거실에 걸어 둘 멋진 작품 한 점 가지고 남편과 같이 와서 고구마 캐는 것을 도와줘."

먼지 묻은 채로 작은 방에 갇혀 있는 화구를 챙겨 스케치 여행을 떠나겠다는 친구의 얼굴이 환해졌다. 돌아가는 친구에게 풋고추와 오이, 호박, 고구마 줄거리를 한 보따리 안겨 주었다.

우리 나이에 애들 짝지어 주었고, 부부 건강하고, 먹을 걱정 안 하는 것은 잘 살았다는 증거다. 숙아, 남은 생 감사하며 살자. 멀어지는 친구를 향해 손을 흔들었다.

대기만성하는 꽃 국화

선운사 답사를 나섰다가 가까운 곳에 서정주 문학관과 생가가 있어서 들렀다. 서정주 시인은 다섯 번이나 노벨상 후보에 오르신 분이다. 1층에는 육필 원고와 시가 든 패널이 가득 있고 나선형 계단을 오르면 유품인 돋보기와 고무신, 모자 등이 있다. 전망대 왼쪽은 생가가 마주 보이고 질마재 언덕에는 서정주 시인이 잠들어 계시다. 때마침 질마재에서 국화꽃 축제가 열리고 있어 국화 향기에 흠뻑 빠졌다.

국화는 이른 봄에 싹이 돋고 여름에는 무성하게 자라 서리가 내릴 무렵 꽃이 피는 대기만성하는 꽃이다. '한 송이 국화꽃을 피우기 위해 봄부터 소쩍새가 그렇게 울고, 천둥은 먹구름 속에서… 내 누님 같은 꽃.' 수억 송이가 피었다. 이렇게 많은 국화꽃 앞에 서니 눈이 부시고, 국화 향에 취해 코는 이미 마비되어 버렸다.

예로부터 문인들은 사군자의 하나인 국화를, 시, 서, 화로 표현하고 술을 빚어 마셨다. 선비들은 양의 수가 겹친다는 9월 9일 중양

절에 야외로 나가 황국을 술잔에 띄워 마시며 시를 읊고 그림을 그렸다. 국화는 혈액순환을 도와 중풍에 효험이 있다. 하여, 민간에서 차와 약으로 이용되고 베개 속으로도 쓰인다.

전시장 중앙에는 귀부인처럼 우아한 대국이 많이 눈에 띈다. 꽃잎 끝이 구슬처럼 감긴 꽃, 갈라진 꽃, 넓고 도톰한 꽃…. 여러 품종이 아름다움을 겨누고 있다.

벌 나비 같은 곤충 모습, 탑, 하트, 우리나라 지도 등 기교를 부린 화분이 즐비하다. 인위적으로 다듬은 꽃들은 진하게 화장하고 거리로 나선 농염한 여인을 보는 것 같고, 울긋불긋하게 색소를 넣어 진열장 안에 전시된 떡을 보는 것 같아 곧 싫증이 났다.

질마재 축제장에는 장마당과 풍물놀이패의 어울림이 흥겹고 국화 따기 체험을 하려는 사람들이 모여 있다. 조용히 국화꽃을 감상하며 산책하고 싶어 한적한 외곽으로 발길을 돌렸다. 비탈길에서 친정집 마당에 흐드러지게 피었던 자잘한 국화와 마주쳤다.

국화는 아버지가 돌아가신 후부터 서러운 생각이 들어 외면하던 꽃이다. 평생 기계를 다루신 아버지는 밭일보다 사철나무나 향나무 다듬기를 더 잘하셨다. 유난히 정이 많아 개를 여러 마리 키우셨고 여러 종류의 꽃을 심으셨다. 울타리는 황매화로 둘렀고 주위에는 수국이나 모란 같은 관목을 심으셨다. 쌀쌀한 바람이 불고 높은 하늘에 고추잠자리가 둥둥 떠다니면 집 안팎은 국화 향기로 가득 찼다. 특히 서리 맞고 피는 흰색 소국을 좋아하셨다.

아버지는 어머니가 갑자기 쓰러져 돌아가신 충격으로 어머니의 사망신고서를 내고 돌아오시는 길에 집을 찾지 못하고 헤매셨다. 딸을 일곱이나 낳고 얻은 아들이 장가드는 날, 아버지는 예식장에 참석 못 하시면서도 많이 차린 음식이 탐이나 어린아이처럼 좋아하셨다. 치매 앓는 아버지의 모습이 바위처럼 가슴에 매달려 있었다.

방학이라 애들을 데리고 친정에 가면 반가워하시다가 금방, "뉘 집 애들인데 떠드냐. 너희 집에 가라." 파리채를 휘두르며 소리 지르셨다. 그때마다 딸은 동생을 업고 우리 집에 가자며 울고 매달렸다. 한 달만이라도 우리 집에서 모시고 싶다는 말을 꺼내지 못하고 돌아설 때는 나이 어린 올케에게 언제나 죄인이 되었다. "엄마 아버지도 불쌍하고 시중드는 아들도 불쌍하잖아. 우리의 소원이니 이제, 그만 아버지를 모셔 가세요" 겪어보지 않은 사람은 그 기도를 모른다.

아버지의 시신을 옆에 모셔놓고도 밥이 술술 넘어갔다. 어머니 곁으로 아버지를 모시고 가는 길이 형틀을 벗어 던진 죄수처럼 홀가분하였다. 때로 사람의 마음은 종잡을 수가 없는가 보다. 영구차가 마을 입구를 벗어나는데 갑자기 엄마가 안 계신 아버지의 삶이 생각나서 눈물이 펑펑 쏟아졌다. 근조 화환에 쏟아지는 국화 향에 질식해 죽을 것만 같이 숨이 막혔다.

아버지의 영혼이 우리 곁에 조금이라도 더 머물고 싶으셨을까? 삼월로 들어선 첫날 봄비는 눈이 되어서 날리고 있었다. 앙상한 나뭇가지 사이로 붉은 흙이 드러난 아버지의 집과 근조 화환이 돌아서는 발뒤꿈치를 붙잡고 놓아주지 않았다. 그날 이후 국화꽃을 보면 아버지의 얼굴이 겹쳐 서럽다.

서리가 오기 전에 아버지의 무덤가에 국화를 가득 심어드리면 기뻐하실 거란 생각이 왜 이제야 드는지, 마음이 급해졌다. 국화는 한 해를 마무리하는 꽃이다. 축제장에 가득한 국화가 올 한 해도 마무리를 잘하라며 손을 흔들고 있다.

당신은 영원한 나의 주인입니다

가야 무덤 답사

박물관 봉사자들이 가야유물과 고분을 공부하기 위하여 김해박물관을 방문하였다. 고분에서 출토된 뼈를 토대로 만든 가야의 소녀가 수줍게 미소 지으며 반겨준다. 이제 막 피어나는 꽃봉오린데 고종명을 누리지 못하고 순장되었으니 얼마나 억울할까? 여인으로서 성장하여 아내 되고 어머니가 되어 다복하게 살고 싶다는 꿈이 자라고 있을 소녀다. 외손녀 또래의 모습이라 가슴이 아프다.

순장의 습속은 저승에서도 이승과 같게 누릴 수 있다는 믿음이 있어 고대 왕권사회에서 이루어졌다. 살아 있는 사람이 베풀 수 있는 최대한 예의라 여겨 부장품도 함께 묻었다.

순장자는 어떤 혜택을 받았는지 모르지만, 오랫동안 내려온 습속으로 기꺼워했을까? 자식이 죽으면 가슴에 묻는다는데 혈연의 정을 냉정하게 끊어야 하는 그 부모들의 심정은 또 오죽하였을까. 한 생명을 빼앗고 그 부모의 가슴에 대못을 친 그들은 과연 인간적인 자책과 갈등이 없었을까? 집채만 한 무덤방을 만드느라 백성들은 또 얼마나 고초를 겪었겠나!

권력자는 살아서와 같이 호위무사나 시종, 또는 가까운 사람들이다. 순장자의 뼈에서 독극물이 검출되거나 질식사한 흔적이 나오면 그나마 나은 편이고 산채로 묻혔다고 생각하면 소름이 돋는다. '개똥밭에 굴러도 이승이 좋다.'는데 당신은 영원한 저의 주인이십니다. 죽음까지도 기꺼이 따르겠습니다. 하며 기꺼워할 수 있을까?

기원전 2,600년경 이라크 남부 우르지방의 푸아비 여왕 무덤에는 치장을 한 열 명의 여성 순장자가 나왔다. 그중에 두 명은 여왕의 머리맡에 앉아 수금을 타고 있는 모습이다. 그들은 죽는 순간까지 여왕을 위해 수금을 타야 하는 운명을 타고났다. 행복했을까?

얼마 전에 경주 황남동에서 특이한 형태의 순장된 모습이 발견되어 학계에 이목을 끌었다. 서남아시아에서 수입된 유리구슬은 금보다 비쌌고, 황금은 왕실의 전유물이다. 금귀고리와 금박 장식, 허리띠를 착용한 30대 중반의 여성과 20대의 건강한 남성이 비스듬하게 포개진 상태였다. 부장 칸에는 말안장과 말갖춤, 큰 칼이 있으니, 말을 잘 타고 무기를 다룰 줄 아는 신라의 귀족 여성이다.

가까이에는 크기와 형태가 비슷한 남편으로 추정되는 무덤이 있다. 귀족 남자의 무덤에 여자 순장자는 있어도 여자의 무덤에 남자 순장자는 처음이다. 그렇다면 그들은 어떤 사이일까? 신분과 나이를 초월하여 활화산 같은 사랑을 하였고 죽음까지도 떼어 놓을 수 없는 사이였을까?

사람은 소유물이 아니다. 호위무사나 시종들로 인해 내가 편안한 삶을 누리다 죽었다면 그들과 인연을 끊어 여유로운 삶을 살도록 도와주는 것이 사람의 도리다. 순장의 풍습은 화장하는 불교가 들어온 이후부터 없어졌다. 순장자를 대신한 다양한 모습의 토용이 있어 그나마 위안이 되었다. 김해는 철의 생산지라 일찍 철기 문화가 발달하였고, 질 좋은 고령토가 있어 다양한 토기가 생산되었다. 가야국의 예술과 솜씨가 신라로 전파될 만큼 많은 유물이 있지만, 박물관을 나서는 발걸음이 무겁다.

3

볕 좋은 날 고추장을 담았다

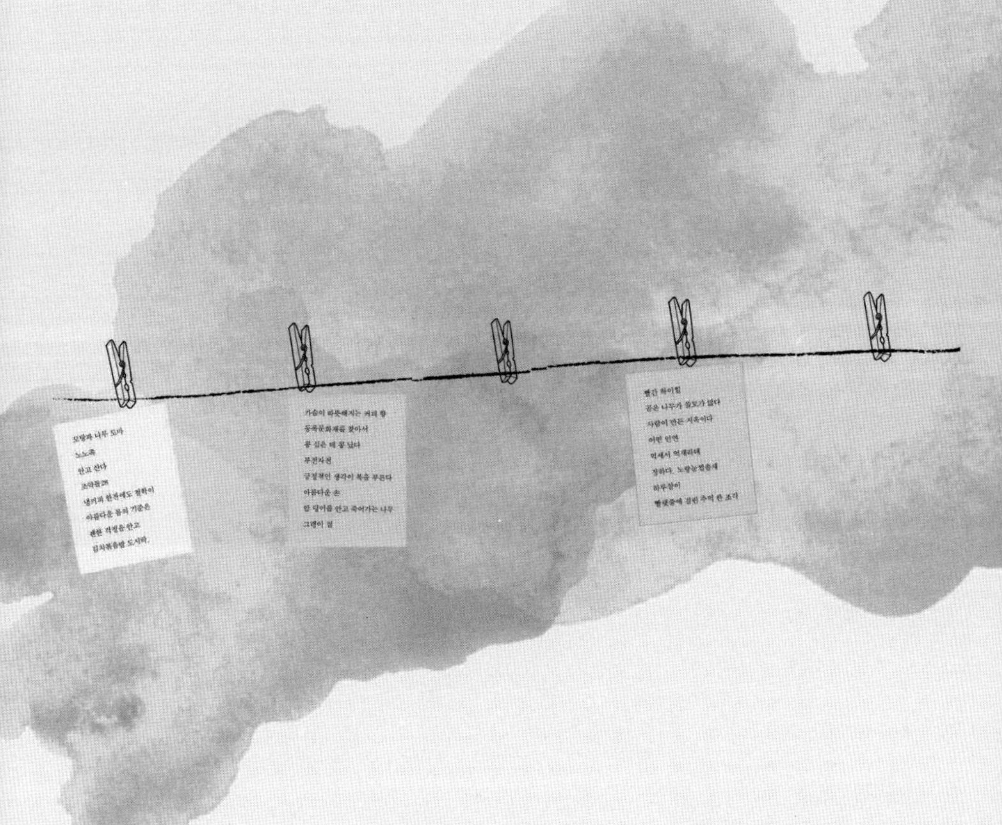

고추장 항아리와 눈이 마주칠 때마다 행주로 윤나게 닦아준다. 항아리가 장맛을 좌우한다. 유약을 바른 항아리는 도시 아가씨같이 연약해 조금만 부딪쳐도 깨지고 곰팡이가 자주 피지만, 유약을 바르지 않은 항아리는 시골 아낙같이 수수하고 단단하며 숨을 쉬기 때문에 실패가 없다. 비록 투박하고 못생긴 항아리지만 한결같은 장맛으로 우리 가족 건강을 지켜주고 있다.

볕 좋은 날 고추장을 담았다

길진(吉辰) 든 날이다. 항아리를 행주로 박박 문질러 닦아 엎어 놓고 고추장 담을 준비를 한다. 길진(吉辰) 든 날에 볕까지 좋으니 고추장 담는 마음이 한결 가볍다.

어머니는 고추장은 한 동이에 소금은 세되 넣고 간장은 넉 되 넣으면 된다고 가르쳐 주셨다. 동이가 없고 되도 없으니, 대중을 할 수 없어 실패한 적이 있다.

삼 년쯤 귀동냥하다가 자신 있게 고추장을 담아 볕이 잘 드는 곳에 항아리를 놓고 매일 해바라기를 하는데 하지쯤 되자 고추장이 빵 반죽처럼 부풀어 올라 뚜껑이 들썩거리며 눈물이 흘러내렸다. 몇 번씩 찍어 먹어보며 간을 맞추었는데 싱거웠나 보다. 그냥은 잘 모르겠는데 찌개를 끓이면 시큼한 냄새가 났다. 간이 잘 맞은 고추장도 비를 맞히지 말고 가끔 뚜껑을 열어 볕을 쏘여야 실패가 없다.

오늘, 어머니가 일러 주신 비율대로 엿기름 녹인 물에 찹쌀가루를 넣고 끓인 후 소금을 넣어 식히고 메줏가루와 고춧가루를 섞으니 매콤한 맛이 입에 착 붙는다. 일 년 먹을 양식이라 옆집 할머니를 모시고 와서 간을 보아 달라 청했다. 세월이 가도 항아리가 변함이 없듯이 장맛도 변하지 않으니 칼칼한 맛을 어찌 사는 장맛에 비기랴!

친정은 거리상으로는 가까워도 서울을 거쳐 가기 때문에 지하철을 두 번 갈아타고 시외버스에서 내려서도 20분쯤 걸어가야 한다. 종갓집이며 방앗간 집이라 손님이 많고 일곱 남매가 자라던 때는 매달 쌀을 반 가마 정도씩 밥을 지었다. 그러니 장도 많이 들어 어른 가슴까지 차는 독이 장독대에 그득하다. 기계의 발달로 도정 과정이 빠르고 자식들의 결혼으로 식구가 줄어 장이 남는다.

낚시광인, 남편이 물고기를 잡아 와서 매운탕을 자주 끓이는데 사는 고추장은 싱겁고 들큼하여 매운탕을 끓이면 칼칼한 맛이 없다. 낚시 가는 남편 가방에 어머니가 담은 고추장을 넣어주면 좀 좋을까?

친정에 갈 때마다 장이 욕심나지만, 차마 달라는 말이 입에서 떨어지지 않았다. 오래간만에 먹는 된장국은 담백하면서도 구수해, 된장과 고추장에 욕심을 내며 눈치만 보았다.

어머니 생신은 동짓달 스무닷새라 양력 명절과 겹친다. 정월달에는 할머니와 할아버지 제사가 연이어 있어 약력 명절을 쉰다. 종갓집 맏며느리라 차례 준비로 어머니 생신에는 갈 수 없었다.

“추우니 오지 마라, 너무 더우니 애들 더위 먹겠다.” 아이 데리고 먼 길 오는 딸이 애석해서 하신 말씀인데, 그때는 여러 형제와 비교해 내 손이 작아 그러시는 것 같아 돌아서서 눈물을 훔치며 자가용을 사기 전까지 발걸음을 끊었다.

오늘 고추장이 담길 항아리는 옆집 할머니가 주신 정표다. 항아리 위쪽 표면에는 음각으로 '모곡리'가 선명하게 찍혀 있다. 성당에서 쌀을 모으기 위해 마을별로 나누어준 한 말들이 항아리라 하셨다.

할머니는 끼니때마다 퍼온 쌀에서 식구 수만큼 한 수저씩 떠서 부뚜막에 있던 이 항아리에 모았다가 성당에 가져가 어려운 이웃에게 나누어 주었다고 하셨다. 그때는 모두가 가난하여 떨어진 쌀 한 톨도 소중히 주워 담던 때라 신앙이 깊지 않으면 어려운 이웃을 위해 쌀 나눔이 쉽지 않았을 것이다. 양식이 부족할 때는 커가는 자식에게 밥 한술이라도 더 먹이고 싶은 것이 어미 마음이니 항아리로 가는 손이 멈칫하셨겠지. 항아리는 할머니의 양심이며 신앙이었다.

고추장 항아리와 눈이 마주칠 때마다 행주로 윤나게 닦아준다. 항아리가 장맛을 좌우한다. 유약을 바른 항아리는 도시 아가씨같이 연약해 조금만 부딪쳐도 깨지고 곰팡이가 자주 피지만, 유약을 바르지 않은 항아리는 시골 아낙같이 수수하고 단단하며 숨을 쉬기 때문에 실패가 없다. 비록 투박하고 못생긴 항아리지만 한결같은 장맛으로 우리 가족 건강을 지켜주고 있다.

살림 맛이 들고 나이를 먹으니 하나하나 어머니 맘을 알 것 같다. 간이 밴, 장은 생각보다 무겁다. 아이를 업고, 여러 번 차를 갈아타는 가냘픈 딸에게 무거운 장까지 들려 보낼 수 없으셨겠지. 어머니도 지금처럼 택배가 발달하였다면 바리바리 싸서 보내셨을 것이다.

주부들은 장이 맛있으면 반찬 걱정의 절반쯤은 덜 수 있다. 무침이나 찌개에 고추장을 한술 넣으면 칼칼하게 맛이 살아난다. 외국여행을 떠날 때도 고추장을 가지고 가고 식구들이 입맛을 잃을 때도 고추장을 찾으니 내게는 보물단지다. 장은 발효음식이라 오래 두고 먹어도 맛이 변하지 않고 항암 작용도 한다.

알맞게 식은 고추장을 항아리에 담아 양지쪽에 앉히고 허리 펴는데. "요새 젊은것들은 장담을 생각조차 안 하고 사 먹는데, 애썼다." 어머니의 음성이 들리는 듯해서 가슴이 먹먹해졌다. 봄볕이 잘 들어가야 장이 꽃처럼 향기로운 맛이 든다. 햇빛이 잘 드는 곳에 고추장 항아리를 옮겨 놓은 후 행주질로 마무리하고 가만히 끌어안았다. 따듯하다.

말은 적게 하고 대화를 나누자

참깨를 베어 묶어 놓고 왔다. 참새가 깨를 다 먹는다는 전화를 받고 참깨를 털러 갔다. 쪼록, 쪼르륵, 찌, 찍 초등학교 교실의 쉬는 시간만큼이나 시끄럽다. 아침나절에는 소리가 더 크게 들리고 어느 때는 음의 높고 낮음과 길고 짧은소리가 섞여 있으니 무슨 대화를 나눌까? 참새들의 대화가 궁금하다. 인기척을 들은 참새 떼가 포르르 날아 근처의 나무 속으로 들어갔다.

말과 대화는 감정을 음성으로 표현하는 것이다. 말이 일방통행이면 서로 어울려 주고받은 것이 대화다. 대화는 마주 보아야 하며 서로 간에 연결이 이루어져야 하니 부드러우면서도 힘을 가지고 있다. 많은 사람이 모인 곳에서는 여러 그룹으로 나누어지기 쉬우며 시간이 흐를수록 주제가 벗어나 소음으로 들리기 쉽다. 각자 듣고 싶은 말과 하고 싶은 말이 엉키기도 한다.

옛 어른은 '모두 진실인가? 선한 내용인가? 꼭 필요한 말인가.?' 여기에 해당이 안 되면 잊어버리라고 가르쳤다. 무엇을 감추거나 만족하지 못하면 말이 많아지고, 속이 꽉 찬 사람은 말을 적게 한다. 여러 사람이 원만한 대화를 나누려면 무엇보다도 상대를 신뢰하고 듣는 자세가 중요하다.

어느 단체는 회의 때마다 나서기를 좋아하는 몇 사람 때문에 다툼이 자주 일어 회의가 길어지며 엉뚱한 방향으로 흘러 안건을 결정하기 힘들었다. 목소리가 커서 좌중을 압도하며 문제를 일으키는 사람이 있고, 회의 내내 입도 뻥긋 안 하고 의사표시조차 안 하는 사람, 나중에 엉뚱한 소리를 하기도 한다.

궁리 끝에 회의록을 만들어 토의 내용을 작성하였다가 전 회의록을 낭독한 후 회의를 진행하였더니 감정을 조절하고 회의에 임하는 자세가 바뀌었다 한다.

대화는 한발 물러서서 쬐어야 하는 장작불같이 뜨겁지 않아야 한다. 순식간에 타버리는 가랑잎같이 급해서도 안 되고, 타 타 탁! 소리를 내며 타는 생솔처럼 제 말만 하고 끝내도 안 된다. 정이 있어야 한다.

재미있고 풍부한 지식을 바탕으로 한 대화는 사람을 끄는 힘이 있다. 내가 나한테 부끄럼이 없이 진실을 말하면 된다. 험담하는 사람, 들어주는 사람, 욕을 먹는 사람, 모두가 상처를 입는다.

다산이 보은 산방에 머무르고 있을 때, 혜장의 제자 미감 승려가 화엄경 공부를 하다 등류과(等流果) 해석을 놓고 말싸움이 벌어졌다. 다산은 그에게 제집에서 쓰는 몽당비가 남 보기에는 아무 쓸모가 없어 보여도 제 손에 맞게 길들어 있어 긴하게 쓰이면 보배로 대접받는다. 하였다. 여유당전서에 나오는 말이다.

다수는 힘을 얻는다. 촛불 집회와 태극기 집회가, 소한 추위나 비가 종일 내리는 날에도 아랑곳하지 않고 주말마다 광화문 일대를 덮었다. 촛불을 든 사람이나 태극기를 든 사람들이나 나라를 조각내고 싶은 사람은 없을 것이다.

나라를 걱정하는 마음에서, 표를 얻기 위해서, 친구 따라서 강남 가고, 축제 같은 분위기에 휩싸이고, 앞에 나서기를 좋아하는 사람도 있을 것이다. 촛불이나 태극기를 들고 거리로 나서지 않았다고 할 말이 없는 것은 아니다. 그들 나름대로 생각이 깊고 할 말도 많다.

외국에서는 평화적 시위라고 시민의식을 높이 평가하지만, 대통령의 하야를 외치고, 헌법재판관들의 빠른 결정을 외치며, 당 대표까지 나서 서울 중심가를 마비시키고, 국정을 내팽개친 시위는 부끄러운 일이다.

세월은 많은 것을 앗아가지만 지혜를 주고 간다. 서야 할 자리가 있고 앉아야 할 자리가 있다. 어른은 어른의 자리에 앉아 계시기만 해도 저절로 질서가 잡히고, 아랫사람은 어른이 계셔서 든든하다. 데모 공화국으로 변하는 것은 나라에 어른다운 어른이 안 계시기 때문이다.

언어는 사회가 변함에 따라 생성 또는 소멸해 의미나 쓰임이 달라지기도 한다. 말은 그 사람의 인품이다. 깊이 생각하지 않고 내뱉은 말은 상대방은 물론 자신에게도 비수가 되지만 침묵이 좋은 것만은 아니다. 말이 아닌 대화가 필요한 때다. 나이 들면 힘이나 머리 쓰는 일 말고 편안하게 마주 앉아서 차 한잔을 마시며 스스럼없이 나누는 대화가 좋다.

참새들의 재잘거림도 어느 순간에는 일시에 멈추고 조용해진다.. 한 마리도 상처를 입고 떨어지거나 혼자 남아 푸드덕거리는 놈이 없다. 작은 참새가 인간에게 경종을 울리고 있다.

빨간 하이힐

신발장에 하이힐 한 켤레가 골동품처럼 앉아 있다. 굽 높은 하이힐은 다리가 길고 종아리가 날씬해 보여 미니스커트와 잘 어울린다. 턱을 곧추세우고 가슴을 내밀어야 예쁘다. 치마 정장을 할 때는 하이힐이 보기 좋아서 한 켤레를 고이 모셔두었다.

패션 감각 있게 정장과 머플러까지 잘 차려입은 사람이 운동화를 신어서, 왜 저러고 다닐까? 했는데 어느 날부터 나도 운동화에 손이 간다. 멋은 나중이고 발이 편하지 않고, 무릎이 아프고, 중심 잡기가 힘드니 운동화를 신은 사람이 이해되었다.

신발장을 여니 하이힐 몇 켤레가 먼지를 뒤집어쓰고 있다. 도도하게 세우던 콧날은 어디 가고 윤기를 잃었다. 또각또각 걸어서 어딘가로 떠나고 싶던 때가 있었는데, 시간을 거스를 수 없으니, 이제는 하이힐과 이별할 때가 온 것 같아 만감이 교차한다.

입사 첫날 굽이 7cm쯤 되는 구두를 신고 출근했다. 몸이 자꾸 앞으로 쏠리는 것 같아 신경이 쓰이는데 발뒤꿈치가 벗겨져 쓰라

렸다. 피와 진물이 스타킹에 엉겨 붙어 떼어내고 발을 씻는데 눈물이 찔끔 났다. 밴드를 붙이고 부은 다리는 맥주병으로 문지르며 한동안 고생을 하였다.

멋쟁이는 핸드백과 구두, 머플러까지 배색을 잘 맞추지만, 회사 초년생은 검은색이나 갈색이 무난하여 신발장에는 계절 관계없이 무채색 일색이었다.

버스정류장 앞 진열장에는 빨간 에나멜 하이힐이 반짝이고 있었다. 한 뼘쯤 되는 칼 힐을 신고 턱을 살짝 내밀며, 또각또각 걷고 싶은 것은 마음뿐이었다. 시골 출신들은 적은 전세자금으로 방을 구하기 힘들다. 몇 동네를 헤맨 끝에 약수동 꼭대기에 겨우 방을 구했다. 칼 힐을 신고 바쁜 출근 시간에 가파른 골목길을 빠르게 내려오기 힘들었고, 겨울에는 빙판이 져서 연탄재를 뿌려야 다닐 수 있으니 낮은 통굽이 편하다. 두 번씩 갈아타는 만원 버스도 걸림돌이다.

진열장 안에 빨간 하이힐이 높이는 물론 내가 가진 옷과 맞추어 보아도 자신이 없어 눈요기만 하였다. 그 구두가 진열장에서 사라지자, 내 소유물도 아닌데 여간 섭섭하지 않았다. 빨간 구두의 미련이 평생 내 머릿속에 남았나 보다.

키가 늘씬한 시인 한 분이 빨간 하이힐을 신고 자신 있게 걷는 모습이 부러웠다. 빨간 구두의 기억이 머릿속에 남아 있었는지, 그 분의 이름이 얼른 떠오르지 않고 빨간 구두가 먼저 떠올랐다.

한복을 입을 일이 가끔 있다. 한복에 구두를 신거나 굽 높은 신을 신지만 나는 예전에 어머니가 신으시던 코에 검은 줄이 붙은 흰 고무신만 고집한다. 한복을 입을 때도 부풀어 오르는 속치마를 거부하고 착착 늘어지는 인조 속치마에 인조 속바지, 옛날식 겹버선까지 갖춘다. 치마 길이도 흰 고무신이 살짝 보이고, 인조 속옷이 몸과 따로 놀지 않는 것을 좋아한다. 버선에 길들어지지 않은 발이 조이는 것 같고 굽이 없는 고무신은 몸이 자꾸 뒤로 넘어가 불편하기도 하다.

치마에 굽이 낮고 넓적한 구두를 신으면 맵시가 안 나는데 나이가 드니 멋은 뒷전이고 편한 신만 찾게 되고 바지를 주로 입는다. 아마 임신 중 배가 불러 균형 잡기 힘들고, 아이 업고 가방 들고 다니느라 굽이 낮은 신발만 신었더니 편안함에 길들어졌나 보다.

신발장 안에는 미련 때문에 간직한 구두가 여러 켤레 있다. 내 어깨에 힘이 빠졌는지 늘 편한 신으로 먼저 손이 가니, 이제는 정리할 때가 된 것 같아 신발장을 열었다. 명절을 앞두고 딸과 장 보러 갔다가 산 밝은 자주색 구두. 서울로 사촌 시누 결혼식 참석을 하러 갔다가 너무 일찍 도착해서 가까운 시장 구경을 나섰다가 폐업 광고를 보고 두 켤레를 들고 온 구두. 아들 친구가 수제화를 배우면서 만들어 준 구두, 상품권과 바꾼 것도 있다.

신발장 안에 오래 있어서 먼지가 뽀얗고 가죽에 곰팡이가 핀 것도 있다. 발인제를 지내는 심정으로 구두약을 칠해 윤나게 닦아 신고 추억을 더듬으며 마당을 한 바퀴 돌았다. 한때 내 몸을 받들고 다니던 구두다. 가죽이 줄었는지 살이 쪘는지, 볼이 끼어 아프고 굽이 높은 구두는 자꾸 팔자걸음이 되고 균형을 잃어 불안하다. 거죽은 멀쩡한데 속 가죽이 벗겨져 양말에 묻어 나온다.

미안하다 쓰다듬으며 소각용 봉투에 하나씩 담았다. 계절이 바뀔 때마다 살림이 하나씩 줄어든다. 이제는 외모보다는 무릎관절을 보호하고 안전을 위해 편한 구두만 신으니 빨간 하이힐의 꿈도 내려놓는다. 신발장이 훤해졌다. '버리고 갈 것만, 남아서 편하다.' 하는 말을 나도 하고 싶다.

곧은 나무가 쓸모가 많다

'이월에 물독이 터진다'더니 삼월로 들어섰는데 기온이 내려가고 날이 저물자, 진눈깨비가 눈이 되어 펑펑 쏟아졌다. 다음 날, 현관을 나서니 밤새 내린 눈이 발목을 덮는다. 습기를 머금고 있어 빗자루로 쓸리지 않아 가래로 밀어냈다. 고속도로의 차들은 스노우체인을 준비하지 못해 도로에 무려 9시간 갇혀 있다가 정체가 풀렸다니 추위와 굶주림, 배설까지 얼마나 고통스러웠을까.

'눈 오는 날은 거지가 빨래해 입는다'더니 골목길은 눈이 녹아 도랑을 이루고 있다. 눈 구경을 하러 봉의산을 올랐다. 혼자 하는 산행은 뒤처질까, 조바심을 낼 필요가 없다. 나무가 숨을 쉴 때 나온 산소가 내 핏속으로 들어가 맑은 기운이 되고, 내가 내쉰 이산화탄소는 나무의 에너지가 된다. 숲의 침묵 속에서 등산객의 들숨과 날숨이 뒤섞여 나무와 하나가 되는 순간이다.

봉의산이 코앞에 있어 답답할 때는 가끔 엄마를 찾듯이 산에 오른다. 산은 엄마처럼 억지 피우는 내 등을 말없이 토닥여 준다. 나무는 눈을 소복이 이고 있어도 해가 비치는 등산길은 눈 녹은 물이 졸졸 흐른다.

봉의산은 주민들이 땔감으로 어린나무까지 베어냈고, 한국전쟁을 겪어 벌거숭이였으나 50년대 중반부터 산림녹화 사업으로 우거졌다. 국유림으로 보호받고 있지만, 간벌이나 가지치기하지 않아서 제멋대로 키만 키웠다. 겨울 가뭄이 심해 산불이 날까, 걱정했다.

솔가리는 불이 잘 붙어 꽁꽁 언 청솔가지를 활활 타는 아궁이에 넣으면 타닥~ 탁탁, 불꽃놀이를 하여 얼마나 황홀하였나. 솔가리가 발목을 덮고 기둥으로 써도 좋을 만큼 튼실한 나무가 토막 난 채 낮은 곳에 버려져 있어 아깝다는 생각이 든다.

군데군데 눈의 무게를 이기지 못한 나무의 가지가 꺾이고 쓰러져 등산로를 막고 있다. 눈 내리는 겨울밤에 나뭇가지가 뚝뚝 부러지는 소리를 들은 적이 있지만, 대들보로 써도 손색이 없는 70년 된 나무들이 쓰러진 모습은 처음 본다. 사람의 힘으로 저 굵은 나무를 쓰러트릴 수 있겠나? 눈의 무게가 놀랍다.

부러진 나무를 눈여겨보았더니 바로 서지 못하거나 다른 나무에 기대어 있던 나무다. 나무도 곧게 커야 쓰임이 많다. 나무도 그러한데 사람이야 말해 뭐하나.

'싸우면서 큰다는 속담처럼 예전에는 형제나 자매간에 싸우기도 하지만, 배려하고 양보하며 성장하였다. 지각했다고, 시험점수가 떨어졌다고, 엉덩이가 퍼렇게 멍이 들도록 맞거나 의자를 높이 드는 벌을 서면서도 장난치고 웃었다. 고생을 많이 했기에 참을 줄 알았다.

학교폭력과 왕따는 예전에도 있었지만 자살하거나 사회 문제가 되지 않았다. 피해자가 있으면 가해자가 있고, 방관자도 있다. 운동부들은 실력향상과 선후배들의 위계질서를 위해 규율이 셌다. 학교폭력은 근절되어야겠지만, 10년도 더 지난 일이 문제가 되어 앞날이 창창한 선수의 날개가 꺾였으니 그들 또한 피해자란 생각이 든다.

출생률이 떨어져 골목에서 노는 아이들 모습이 사라졌고 아이가 상전인 세상이다. 자식의 주위를 맴돌며 간섭하는 '헬리콥터 부모, 불빛 역할을 하는 등대 부모, 달려가 걸림돌을 제거해 주는 제설기 부모'라는 말이 유행한다. 어려서부터 부모가 많은 것을 해주니 실수를 통해 배우며 자립심을 키우지 못해 인생 우여곡절을 이겨낼 능력이 부족하다. 고생을 모르고 자란 MZ 세대들은 6.25 같은 전쟁이 나면 배고픔을 참지 못하거나 더러움을 참지 못해 지레 죽을지도 모르겠다.

등산로를 가로막고 있는 나무를 타 넘으며 불편하다는 생각만 하지 말고, 비탈길에 등산객의 손잡이가 되거나, 바위틈에서 끈질기게 생명을 이어가는 소나무의 강인한 삶을 배워야 하리라.

사람이 만든 지옥이다

돼지의 질병은 사람이 만들어 낸 업보다. 아프리카돼지열병은 치료 약은 물론 예방백신이 없어서 발병하면 반경 10km 안에 있는 돼지는 파묻을 수밖에 없다. 돼지가 무슨 잘못이 있어 멧돼지까지 죽임을 당해야 하나! 살려고 세상에 나왔다가 제대로 살지 못하고 생매장당하는 돼지는 얼마나 억울할까?

중국에서 유행하고 북한까지 전염되었다는 뉴스를 접한 지 한참 지났다. 이왕 칠 울타리라면 멧돼지가 드나들지 못하게 제대로 치고 방역에 힘썼다면, 하는 아쉬움이 크다. 사람에게는 전염이 안 된다 해도 소비자가 돼지고기를 외면해 양돈가는 이중으로 고통을 받는다.

동생이 남북 접경지역에서 돼지를 키우고 있다. 양돈 농가가 견학을 올 만큼 첨단시설을 갖추었지만, 인근에 아프리카돼지열병이 발생해 멀쩡한 돼지를 매몰할 수밖에 없다. 몇 년 전 구제역으로 돼지를 매몰하고 겨우 고통에서 벗어났는데 회복할 새 없이 아프리카돼지열병이 들이닥쳤다.

돼지 농장은 손실이 이만저만이 아니다. 보상받는다고 쉽게 생각하지만, 겪어보지 않은 사람은 모른다. 세상에는 돈으로 안 되는 것이 더 많다. 외국인 노동자를 내보내면 그만한 사람을 구할 수 없기에 돼지 새끼를 입식 할 때까지 놀아도 임금을 주어야 하고, 사료는 물론 준비해 두었던 약품도 버려야 하고, 출입이 자유롭지 못해 생활의 질서가 깨진다. 새끼 돼지를 한꺼번에 입식 하기 힘들고, 처음 숫자만큼 늘리려면 몇 년의 시간이 지나야 한다.

토실토실한 새끼 돼지는 얼마나 귀여운가! 반질반질 윤기가 흐르는 먹성 좋은 놈, 남산만 한 배에서 막 새끼가 나오는 어미돼지가 끌려 나온다. 직감으로 위기를 느끼는지 살겠다고 버둥거리는데 외면해야 한다.

자식같이 돌보며 키운 돼지를 구덩이에 넣고 흙을 덮은 후 굴착기로 다지니, 지켜보는 그 고통이 얼마나 클지 짐작이나 하겠는가. 내 심장을 찍어 누르는 것 같다. 돼지를 매몰 처분하는 날은 장비와 인력, 돼지의 울음소리로 동네가 지옥이다. 파이프를 통해 올라오는 악취와 수질오염으로 이웃들의 원성을 사고도 남는다. 충격이 커서 나 자신도 인간이면서 인간이 싫어졌다.

돼지는 선사시대부터 사람과 밀접한 관계를 맺고 있다. 유리왕은 돼지가 점지해 준 땅에 도읍을 정했다는 설화가 있고 제물로 쓴다. 동제에 돼지를 올리고 무당이 굿을 할 때나 고사를 지낼 때도 돼지머리가 중앙을 차지한다.

돼지는 부와 다산의 상징이다. 이발소에 가면 튼실한 어미가 모로 누워 새끼에게 젖을 물리는 평화로운 그림이 있었고, 돼지 꿈은 재물을 상징해 돼지꿈을 꾸고 나서 먹을 것이 생기거나, 옷이 생기고 복권에 당첨되었다 한다.

돼지는 재산을 늘리는 수단으로 키웠다. 고기는 명절이나 잔칫집에서 맛볼 수 있었는데, 지금은 채소보다 육류의 소비가 더 많다고 한다. 야외에 나가서까지 불을 피우고 고기를 굽는다. 돼지고기 수요가 늘어나니 공산품을 만들어 내듯 키울 수밖에 없다.

돼지가 갇혀 있는 소톨은 비좁아서 활동의 자유마저 빼앗기고 품종개량으로 덩치만 키우니 고기는 감칠맛이 없다. 환경이 열악하니 질병에 약하다. 인간과 동물의 뇌는 근본적으로 크게 다르지 않으니, 자연을 누비며 짝을 찾고 모성애로 새끼를 보호하며 자유롭게 살기를 원할 것이다.

가축은 도살장으로 끌려가면서 발버둥 치거나 눈물을 흘린다고 한다. 말은 못 해도 사람이 얼마나 원망스럽겠는가! 독기를 품었던 고기를 먹으니, 육식을 많이 섭취하면 성격이 난폭해진다거나 성인병의 주범이라는 말이 나오나 보다. 출산율이 떨어져 폐기 처분 할 때까지 출산을 반복하는 어미돼지를 보니 인간의 욕망이 참으로 잔인하다.

내 몸을 보살피는 일이 곧 지구를 살리는 일이다. 채식주의자는 아니라도 고기로 배를 채우는 일은 내 몸은 물론 쾌적한 환경을 위하여 깊이 생각해 볼 일이다. 귀리나 옥수수 같은 곡물을 사료로 쓰니 가축의 숫자가 늘수록 사람이 먹을 식량도 부족하게 된다. 멤피스 미트(Memphis Meats)같이 줄기세포를 이용한 미래 식품이 개발되고 있다. 인공 고기 스테이크, 삼겹살, 치킨이 기다려진다.

어떤 인연

김훈 작가 강연을 들었다. 지난해 발간한 『저만치 혼자서』 작품에 대한 학생들의 질문이 쏟아졌다. 그 책을 읽지 못했으니, 내용이 궁금하여 서점으로 향하는 길에 글동무를 만났다. 교육문화관 도서실에 있으니 빌려보라는 정보를 얻고 교육문화관으로 향했다.

빌린 책은 2주 안에 반납하면 된다. 하여 김훈 작 『저만치 혼자서』와 표지가 눈길 끄는 수필집 두 권을 더 집어 들었다. 집에 와서 『새벽, 솔바람』 작품집을 펼치니 35년 전에 발간한 우리 회원 작품집이라 헛웃음이 나왔다. 아동문학가로 알고 있는데 소설과 수필집까지 저서가 많다. 지금은 작고하신 분인데 참 힘들게 하던 회원이다.

그분은 컴맹이셨다. 단체 카페는 물론 메일도 안 되고 공문을 보내도 메모를 안 하시는지, 문인협회 행사와 출판기념회 날짜를 전화로 세 번쯤 물어보셨다.

연말, 동인지 작품이 등기우편으로 왔다. 동화작품은 원고지 분량이 많아 타자를 쳐서 오타가 없는지 몇 번 검토하여야 한다. 카페에 작품을 올렸냐, 전화하시고 그 원고를 다시 보내라 하셨다. 양도 많고 중간에 분실될까 봐, 등기로 보냈다. 우체국까지 가야 하고 등기료도 내가 부담해야 하니 어느 때는 짜증이 났다.

작품을 문인협회 카페에 올리고, 교정보고, 출판기념회에 참석 못 하면 책을 보내라 독촉이 오고, 보내도 고맙다는 말 한마디 없던 분이다. 버스 안이나 길거리에서 그분 전화를 받으면 청력이 떨어진 분이라 큰소리로 통화를 하느라 애를 먹었다.

3년 전 마지막 작품인 그분의 자서전이 떠올랐다. 평남 강서군 신정면 신리에서 태어나셨다. 일제 강압에서 해방되자 38선 이북은 소련군이 들어왔다. 중농이며 대대로 기독교 집안이라 종교의 자유가 없는 공산당의 박해를 피해 밀항해서 닿은 곳이 강화도다.

가족이 인천에 정착하여 사범학교를 나와 초등학교 교사를 몇 년 하셨다. 신앙심이 깊은 가정이라 교사 직업에 만족하지 못하고, 신학대학을 나와 목사가 되어 춘천과 인연을 맺었다. 그동안 겪은 내용과 작은아버지의 불행한 가족사까지 긴 내용이었다. 춘천 문인협회는 회원이 많아서 문집이 두껍다. 남의 글이라 마음대로 고칠 수 없지만, 원고지 60장의 긴 글이라 가족사는 빼고 싶었다.

사람은 자신의, 생이 끝나는 것을 예감하나? 자서전이 그분의 마지막 글이었는데 작품집이 두꺼우니 자서전 대신 동시를 넣겠다고 하지 않기를 잘했다는 생각이 들었다.

인기 있는 도서는 개인의 능력에 따라 다르겠지만 여러 장르로 등단하고 이것저것 써도 소질이 나은 장르가 있을 것이다. 쉬운 말로 쓰고 재미가 있어야 읽는다는데, 지식을 얻거나 감동을 주지 않고 독자와 무관한 주변 이야기다.

우리글은 소리글이라 시대에 맞는 단어를 써야 이해가 빠르다. 한자와 고전에서 따온 어려운 낱말이 있어 집중이 안 되고 맥이 끊겼다. 1968년 등단하셨으니, 그때는 문인 수가 적었고, 책이 귀하던 시대다. 지금은 출판물이 넘쳐나고 독자의 수준이 높아 끊임없이 읽고 쓰기를 해야 좋은 글이 나온다.

『새벽, 솔바람』 제목과 솔향이 나는 푸른 숲 오솔길 표지가 눈을 시원하게 하고, 생각만으로도 힐링이 되는 것 같아 망설임 없이 집어 든 수필집이다. 책 표지와 제목으로 현혹하는 일 없이 내용을 함축하고 있어야 한다는 생각이 들었다.

그 많은 책 중에 그분 수필집을 손에 넣은 것은 그분과의 인연이 아직 끝나지 않았나 보다. 이주 안에 대출한 책을 반납하고 다시 대출할 때는 발행일이 최근이고 작가의 약력을 보고 빌려야겠다는 생각이 들었다. 독자 눈이 두렵다.

억세서 억새라네

높은 하늘 아래 은색 물결이 노신사 머릿결같이 멋지다. 초록에서 핑크, 은색, 흰색으로 네 번 변한다는 억새꽃. 화려하지도 요염하지도 않은 무채색 억새가 마음을 사로잡는다. 밭둑을 지나며 무심결에 억새를 손으로 쓰다듬었더니 잎이 스친 자리가 따끔하고 피가 송골송골 솟는다.

산들산들한 바람에 은물결이 품을 열고 반기나 감성에 취할 때가 아니다. 억새가 영역을 넓히며 산소로 자꾸 들어와 보이는 대로 뽑아내야 한다. 뿌리가 조금만 남아도 다시 싹이 나오니 한식날마다 캐내도 당할 재간이 없다.

가뭄이 심해 잔디는 배배 꼬이고 누렇게 말라 죽는데 억새는 청청하다. 몇 년 동안 캐내다 지쳐서, 잔디는 살고 잡풀만 죽인다는 제초제를 뿌렸더니 잡초가 죽었고 잔디도 군데군데 죽었는데 억새는 죽은 척 능청을 떨다가 봄이 되니 싹이 올라왔다.

떼를 다시 입히기 위해 한 꺼풀 벗긴 후 진흙을 뿌리고 떼를 입혔더니 뗏장 틈새를 비집고 억새가 또 올라왔다. 끈질긴 생명력과 번식력이 놀랍다. 태풍에 휘어져도 며칠 후면 당당하게 일어선다. 가느다란 줄기는 바람 따라 흔들리고 눕는 지혜로 부러지지 않는다. 뻣뻣하고 억세며, 명이 질겨서 억새라 부르나 보다.

식물은 대부분 된서리를 맞거나 얼면 죽는다. 겨우내 죽은 잎은 썩어 거름이 되는데 억새는 마른 채로 꼿꼿이 서서 추위와 찬바람, 많은 눈을 온몸으로 받아내고 있다. 처연하게 자식을 보듬고 있다. 언제 썩을까 지켜보았더니 곁에서 어린싹이 나오자 슬그머니 주저앉았다.

가을향기가 무르익는 날 억새에 푹 빠져 하루를 보낸 적이 있다. 서울에서 가장 높은 공원, 가을이면 억새가 볼만하다기에 월드컵공원을 거쳐 하늘공원에 갔다. 이곳이 쓰레기를 메운 쓰레기 산이었다는 사실이 믿기지 않는다. 쓰레기가 썩으며 발생하는 가스를 보내는 관이 증명해 주고 있다.

지그재그로 된 계단을 올라 숨을 토해내며 허리를 펴니 억새 물결이 푸른 하늘과 맞닿은 듯하다. 한강 다리와 우뚝 솟은 빌딩이 한눈에 보인다. 서울에 이처럼 넓은 억새밭이 있으리라고는 상상 못 했다. 사람의 키를 훌쩍 넘는 억새 사이로 난 길을 걷는다. 일행이 보이다가 일렁이는 억새 사이로 사라지기를 반복하니 신들의 정원을 걷는 듯하다.

바람 따라 솜털 같은 희망이 날아오른다. 높은 하늘과 흰 구름, 억새를 카메라에 수없이 담아도 지루하지 않다.

‘아 아~ 으악새 슬피 우니~’ 노랫말이 있는데 ‘으악’ 하고 우는 새인 줄 알았더니 억새가 몸을 부딪치며 내는 소리를 표현한 것이라니, 가을 표현으로 이보다 더 멋진 표현이 있을까?

억새는 쓰임이 많다. 산간 지방에서는 논이 없어 볏짚을 구할 수 없으니, 주위에서 쉽게 구할 수 있는 굴피나 억새로 지붕을 이었다. 억새는 염증을 치료하는 약으로 쓰였고, 목화가 들어오기 전 추위를 막기 위해 억새꽃을 솜 대신 썼다고 한다.

진리는 평범한 속에 있다. 갈대가 서로 얽혀있는 것이 노속(盧束)이다. 억새 뿌리도 갈대같이 얽혀있다. 사람의 관계도 서로 얽히고 기대며 함께 살아야 한다. 품성이 억새를 닮아 고개를 숙여야 할 때와 소신을 굽히지 말아야 할 때를 알면 도리에 어긋나는 일이 없을 것이다.

우리 국민의 DNA 속에는 억새처럼 끈질긴 생명력을 갖고 있다. 바다로 들어와 노략질을 일삼는 적과 북쪽으로 쳐들어오는 적을 수없이 막아냈다. 일제강점기와 6.25전쟁을 겪고도 세계 10위 경제대국을 이루었다. 코로나19도 이겨낼 수 있다.

산비탈에 있는 억새를 베어 항아리에 가득 담아 놓고, 솜털이 날릴 때까지 가을을 붙잡고 은빛 파도 타는 꿈을 꾸리라. 가끔은 ‘아~ 아 으악새 슬피 우니 가을인가요~’ 노래를 부르며 가을을 즐기고 싶다.

장하다, 노랑눈썹솔새

철새들은 쾌적한 환경이나 먹이, 번식하기에 알맞은 곳을 찾아 이동한다. 겨울 철새는 오호츠크해 연안에서 번식하여 중국과 우리나라 섬들을 거쳐 따뜻한 대만까지 날아간다. 비행기에 연료를 채우듯 철새들은 이동하기에 앞서 몸무게를 불려 비축한 에너지를 쓰며 중간 기착지 없이 먼 거리를 비행할 수 있다.

철새의 망막세포에는 크립토크롬이란 단백질이 있어 빛과 자기장의 변화를 나침판 삼아 뇌 앞부분으로 전달해서 방향을 잡는다. 지구의 자전 방향을 기준으로 삼는가 하면, 산맥, 강, 호수, 해안선이나 밤에 별자리로 위치를 찾거나 계절풍을 따라가는 새도 있다.

철새들도 생존을 위해서는 이동하기에 알맞은 시기가 있다. 철새들이 이동하는 모습을 보면 공기의 저항은 덜 받으면서 적의 공격이 어렵게 대열을 짠다. 이동 중, 악천후를 만나거나 길목을 지키는 맹금류들의 공격을 피하기 위한 지혜를 짜낸다. 가장 노련하고 강한 놈이 맨 잎에서 무리를 이끌기 때문에 대열의 흩어짐이 없다.

대열의 이탈은 곧 죽음이다.

우리나라를 찾는 철새 중 노랑눈썹솔새가 있다. 겨우 엄지손가락 크기만 한 노랑눈썹솔새를 신문에서 보는 순간 온몸에 전율이 일었다. 포식자를 피하며 중국 헤이룽장성에서 전남 흑산도까지 20여 일에 걸쳐서 무려 1,550km를 날아온다. 대를 이어 매년 찾는 이유가 있지만, 그 작은 날개를 얼마나 파닥여야, 바다와 산을 넘어서 여기까지 올 수 있을까? 참 기특하고 대견하다.

요즘 청소년들이 그 노랑눈썹솔새처럼 강인한 체력과 정신력을 가졌다면 청소년범죄와 왕따, 청년실업, 이혼율 증가라는 사회적인 문제가 없을 것이다. 성인이 되어도 제 밥벌이를 못 하고 부모에게 얹혀사는가 하면, 이혼한 후 자식을 부모에게 맡기고 양육비는 물론 연락까지 끊어 버린 자식도 있다.

여러 형제와 부딪는 일이 없이 요구사항을 다 들어주니 참는 법도, 양보하는 법도 배우지 못하였다. 무섭지만 든든한 아버지의 넓은 가슴도, 구미가 당기는 할머니의 옛날이야기는 물론 밥상머리 교육이 없으니, 어른을 공경할 줄 모르고, 잘못되면 죄다가 남의 탓으로 돌리며 불평불만이 늘어난다. 자립심을 키워주지 못하고 온실 속의 화초처럼 귀하게만 키운 부모의 책임이 크다. 경쟁 시대, 물질 만능 시대인 사회의 책임 또한 크다고 본다.

모든 정보가 입력된 컴퓨터같이 지식이 많이 쌓였지만, 사회성은 떨어진다. 쌓은 지식으로 밥은 먹고 살 수 있겠지만 사람이 어디 배부른 것으로 만족하며 살겠는가.

의지가 약한 청소년들을 보면 어리석은 철새에 대한 우화가 생각난다. 철새 무리가 이동하다가 옥수수밭에 앉았다. 편하기도 하고 옥수수 맛에 길들어진 철새 중 한 마리는 떠나자는 동료들의 말을 뿌리치고 옥수수밭에 남았다. 고행의 길을 떠나는 동료를 어리석다며 자기만족에 취했겠지! 몸이 점점 살이 쪄서 둔해졌고 날아갈 기류마저 놓친 철새는 후회하며 머물 곳을 찾다가 그만 얼어죽고 말았다.

옥수수밭에 남아서 편안함만을 추구하는 철새라면 미래의 비전은 없다. 세계에서 두각을 나타내는 젊은이들은 남보다 앞선 사고방식과 노력은 물론 의지도 강하다. 그 조그만 노랑눈썹솔새가 1,550km라는 먼 길을 먹이를 찾거니, 번식하기 좋은 장소를 찾아서 오는지, 연구하여 아이들 교육의 지표로 삼으면 어떨까?

하루살이

불이 안 들어와 전등을 떼어냈다. 밝을 때는 관심을 두지 않았는데 뚜껑을 여니 하루살이 시체가 한 줌은 쌓여 있다. 방충만이 있지만, 작은 틈으로 들어와서 죽는 줄도 모르고 불빛에 몸을 던졌나 보다.

단 하루를 살기 위해 태어난 생명이 불빛을 보면 왜 그리 열정적으로 뛰어들어야만 하는지! 무슨 삶이 저리 가볍단 말인가! 고귀한 생명을 건 결과가 참으로 어처구니없다. 사람들은 장수를 상징하는 거북이나 학은 닮고 싶어도 하루살이는 닮고 싶지 않을 것이다.

등산 중에도 풀숲에 사는 나방과 모기, 하루살이가 코나 눈으로 들어오며 앞길을 막아 성가시게 한다. 오후, 약사천을 걷다 보면 세상 밖으로 나온 하루살이 무리의 현란한 군무가 길을 막는다. 음식물에 덤벼들고, 생수를 담은 컵에 둥둥 떠 있어 귀찮다. 기온이 내려가면 모기나 파리는 물론 날벌레들이 더 극성맞게 집 안으로 숨어든다.

슈바이처 박사는 불빛에 현혹되어 램프에 들어와 타버린 날벌레의 사체가 책상 위에 쌓이자, '어떤 생명도 하찮을 수 없으며 무슨 이유로도 멸시당해서는 안 된다. 그들의 생명도 소중하다.' 하며 창문을 닫고 더위를 참았다 한다.

추녀 밑에 전류가 흐르는 등을 매달아 놓기도 한다. 불빛 따라 날아온 생명체들이 전류에 감전되어 반짝하는 순간 찍! 소리가 날 때는 소름이 돋아 등을 매달 수 없고 그렇다고 슈바이처 박사처럼 열대야에 창문을 닫고 견딜 수는 더더욱 없다.

하루살이의 유충은 단 하루의 비상을 위해 물속에서 3년 동안 스물다섯 번의 허물을 벗고 수초를 먹으며 하루 동안 짝짓기할 에너지를 비축한다. 하루를 살지만 머리, 가슴, 배, 세 쌍의 날개와 다리까지 곤충으로 갖출 것은 완전하게 갖추었다. 그러나 입과 항문이 없으니 오직 짝을 짓기 위해 태어난 생명이다.

입과 항문이 없는 하루살이를 보면 '먹기 위해 사냐, 살기 위해 먹느냐'는 논쟁거리가 못 된다. 음식을 앞에 놓고 투정할 일이 아니며, 몸에 좋다는 먹거리를 찾을 일은 더더욱 아니다.

하기야 하루를 사는데 희로애락이 무슨 소용이며 입이 무슨 소용이랴. 하루를 위해 3년 동안 견디었을 시간을 생각하면 신의 섭리가 너무 가혹하지만 어쩌겠나.

하루살이에게는 내일이 없다. 모든 생명체는 지금이 가장 중요하다. 사람도 사소한 일에 연연하지 말고 주어진 삶을 올곧게 살면 된다.

신륵사 주련에는 '백 년 동안 탐욕을 내서 온갖 것을 탐해도 그건 결국 하루아침의 티끌이요. 단 사흘만 자신의 마음을 올곧게 잘 닦으면 그건 천 년의 보배를 얻는 것처럼 삶에 보탬이 된다.' 하는 글이 있다. 신륵사 주련은 삶의 테두리가 좁고, 마음의 깊이가 얕지 않나. 소소한 이익에 집착하지 않나? 뒤돌아보게 된다.

'진정한 승리자는 자신의 분노와 미움을 이겨낸 자로 죽은 후에 이름이 빛나는 사람이라 한다.' 너무 도전적이면 인간의 본성에서 멀어지기 쉽다. 마지막 순간을 곱게 태워 흔적은 남겨야 하지 않겠는가.

에이브러햄 링컨은 '삶의 가치란 얼마나 오래 살았나 보다 어떻게 살았느냐에 달려있다.' 하였다. 하루살이는 스물다섯 번 허물을 벗는 인내의 삶이자 열정의 삶이다. 하루 동안 본능에 충실하게 열정적으로 사랑을 하고 대 잇기로 끝나는 삶이다. 하루살이처럼 오늘이 생의 마지막 날이라 생각하고 최선을 다하면 못 이룰 것도 없을 것이다.

인간의 편리한 생활을 위해 밝혀 둔 불빛이 하루살이에게는 죽음에 이를 만큼, 황홀했나 보다. 그래, 쭈그렁 밤송이로 골골거리며 오래 사는 것보다 찰나에 생을 마감하는 네가 부럽다.

빨랫줄에 걸린 추억 한 조각

코로나 확진자가 쏟아져 나오고 있다. 모든 행사가 취소됨은 물론, 친목 모임도 못 하니 지루한 일상이 반복된다. 책을 읽거나 텔레비전을 보다가 슬며시 잠이 들면 저녁에 꿀잠 들지 못한다. 활동량이 적으니 소화 기능이 떨어지고 식욕도 떨어져 입맛이 없다.

추억이란 어디선가 불어와 가슴 언저리에, 척 걸쳐지는 바람일까? 서울 다녀오신 아버지가 사 오신 잠바를 입고 행복했던 일, 술래를 피해 빨랫줄에 풀 먹여 널어놓은 이불 홑청 사이로 숨어다니다가 야단맞던 일, 만국기가 펄럭이는 운동회 때 모습, 새벽에 달려가 알밤 줍던 일이 떠오른다. 지난날은 추억으로 남고, 나는 추억을 곱게 단장하며 시간을 보낸다.

'밥투정하면 가난하게 산다.' 하였는데 구미 당기는 반찬이 없고 문득 짭짤한 간장게장이 생각났다. 음식 맛이란 과거의 경험이나 추억 등 무의식의 영역까지 미칠 수 있다. 나이 들면 어렸을 때 먹던 음식을 편애하게 된다더니 문득 어머니가 담그신 짭조름한 간장게장이 먹고 싶다. 게장은 팔기도 하고 게장백반을 전문으로 하는 식당이 있지만, 짠 것을 싫어하는 요즘 사람 입맛에 맞게 싱겁고 달콤하다. 곰삭은 맛이 없다.

게장은 벼가 누렇게 익었을 때 산란을 위해 민물로 올라오는 게로 담아야 좋다. 임진강을 통해 올라온 게는 벼가 누렇게 익을 무렵부터 얼음이 얼 때까지 잡힌다. 물이 깨끗해서인지 임진강에서 잡힌 게장을 임금님께 진상하였다고 전한다.

개울 바닥을 고르게 펴고 싸리나무로 촘촘하게 엮은 발을 쳐 놓으면 임진강에서 올라오던 게가 갇혀 있고, 새벽에 건져 열 마리씩 짚으로 묶어 팔았다. 게장을 담으려면 함지에 풀어놓고 게를 한 마리씩 꺼내 막대로 등을 누른 후 물을 끼얹어 가며 솔로 박박 닦아 항아리에 담는다. 솔질하던 중 놓쳐 도망가는 놈을 잡다가 집게발에 물리기도 하고, 빠른 놈이 담 밑에 있는 쥐구멍으로 들어가 막대기로 쑤시던 기억이 있다. 게도 물 냄새를 맡았는지 며칠 만에, 쥐구멍에서 나와 물독 뒤에 숨어 있다가 붙잡혀 간장에 들어간다.

차곡차곡 쌓인 게들이 서로 밀치며 버둥거리는 항아리에 얇게 저민 생강과 마늘, 붉은 고추 몇 개를 넣은 후 간장을 붓고 뚜껑을 잘 덮는다. 다음 날부터 서너 번 간장을 따라 달여서 부으면 오래 두고 먹어도 변하지 않는다. 오래 둘수록 결이 삭고 껍질이 삭아서 감칠맛이 돈다.

게장을 먹을 수 있는 날은 손님이 오셨을 때다. 손님상에 게장을 낼 때는 집게발 두 개를 떼어 밑에 깔고 등껍질을 올려놓은 다음 속살을 꾹 눌러 짜서 등껍질에 담아 올린다. 손님이 상을 물리면 등껍질은 우리 차지가 된다. 여러 형제가 서로 먹고 싶어 눈치를 보면 어머니는 부엌에 나가 게장 항아리에 있던 간장을 조금 덜어다 밥과 함께 비벼 나누어 주셨다. 따끈한 쌀밥을 넣어 비비면 씹지 않아도 술술 넘어간다.

직장생활을 할 때 토요일이면 쌀과 부식을 가지러 집에 갔다. 차 시간에 맞추면 끼니때가 지나서 도착하게 된다. 어머니는 가마솥에 넣어 두었던 밥을 꺼내 주셨다. 한겨울에는 깍두기와 들기름 한 숟가락 넣고 비벼 먹는 것이 간편하고 맛있었지만, 따뜻한 계절에는 게장을 꺼내 주셨다. 게 등딱지에 비비면 다른 반찬 없이 밥 한 그릇을 거뜬히 먹었다.

게장에 관한 이야기도 전해 내려온다. 영조는 게장을 즐기셨다. 일성록에 의하면 영조가 몸이 아플 때 게장을 찾으시니, 강원도 흡곡현령 김광악은 제철이 아닌데도 여러 곳의 포구를 돌아 게를 구해다 올렸다 전한다.

노론은 경종이 몸이 약하고 죄인 희빈의 아들이란 이유로 왕위에 오르는 것을 반대했다. 소론의 힘으로 왕위에 오른 경종은 늘 노론 사람이 자신을 시해하고 동생 연잉군을 왕위에 앉히려 한다고 불안해하였다.

경종이 병이 났을 때, 연잉군이 게장과 곶감을 올렸다. 경종은 게장과 곶감을 드신 후 입맛이 돌아와 평소보다 많은 양을 드셨고 그날 밤부터 병세가 나빠져 며칠 뒤 승하하셨다. 연잉군이 왕위(영조)에 올랐으나 경종을 독살하였다는 의심은 평생 통치에 걸림돌이 되었다. 곶감과 게장은 찬 성질을 갖고 있어 둘을 같이 먹으면 병세가 나빠진다고 한다.

입덧하는 것도 아닌데 뜬금없이 게장과 어머니 모습이 겹쳤다. 때가 되면 다 가시는 것을, 자리보전 시간이 길어지자, 병간호에 시달리는 아버지와 동생이 애처로워 이승의 미련을 끊고 주무시다 가시라 기도하였다.

짭짤한 간장게장이 사람을 철들게 한다. 게가 올라올 철이다. 게를 몇 마리 사다가 어머니가 담그셨던 간장게장 흉내라도 내보아야 할 것 같다.

하늘의 향기 침향

침향은 갯벌에 파묻혀 침묵으로 다스린 인내의 결정체다. 세월이 지날수록 향기가 심원(深遠)해진다. 민물과 바닷물이 만나는 고운 갯벌에 향나무를 묻어 두는 것을, 매향이라 한다. 산소가 차단된 갯벌 속에 묻힌 나무는 천 년의 세월 동안 불순물은 썩고 향의 결정체는 소금물에 다져져 쇳덩이같이 단단해진다. 이것이 침향이다. 어쩌면 썩을 것이 다 썩어 더 썩을 것이 없을 때 비로소 빛을 보는 영혼의 향기가 아닐까?

침향은 부처님께 올리는 육법 공양 중 으뜸이다. 왕만이 사용할 수 있는 가장 귀한 것이지만 탑이나 스님의 사리함에서 발견되기도 한다.

박물관 봉사자들의 교육으로 침향 박물관 견학은 참 인상 깊었다. 침향을 구별하는 안목으로 25년 동안 수집해 금싸라기 땅 강남 일원동에 개인 박물관을 세워 관심이 있는 분들의 방문을 기꺼워하신다.

일본의 재벌가가 침향을 구매하겠다며 몇 차례 다녀갔지만, 거절하였다는 말을 듣는 순간 내 것인 것같이 뿌듯함을 느꼈다. 취미를 살리면서도 부를 나눌 줄 아는 그분을 존경한다.

손님에게 차를 대접할 때 손에 밴 냄새를 없애기 위하여 침향을 비빈 다음 차를 권한다며 손에 쏙 들어오는 나무토막을 비벼 냄새를 맡으라 하셨다. 세월이 지날수록 더욱 향기로운 침향은 체온 이상의 온도에서만 향기가 난다. 실파와 생강, 미나리와 빨간 동백꽃, 바다 복어 지느러미를 합한 듯 미묘한 향을 내며 태워도 그을음이 나지 않는다. 향은 섬세하고 은은하며 뽐내지 않고 마음을 가라앉힌다고 한다.

침향은 약으로도 쓰였다. 본초강목에는 나쁜 기운을 쫓아내고, 기를 발하고, 그 기가 인체에 작용해 위와 신경을 통과하면서 경락을 소통시켜 오장육부를 보호한다고 되어 있다. 주변의 나쁜 냄새와 기운을 정화해 준다. 강력한 항균 작용을 하여 곰팡이나 세균의 번식을 막아 주고 모기와 해충들의 접근을 막는다. 제사를 지낼 때 향을 피워 혼을 부르고, 사제가 향로를 흔드는 것도 같은 맥락일 것이다.

우리나라는 동쪽이 높은 지리적 특성이 있어 민물과 만나는 서해 쪽에 매향비가 많다. 삼일포에서부터 남서쪽으로 매향의 기록이 20여 곳 있고 매향비도 16개나 있지만, 아직 침향을 찾았다는 기록은 없다.

아는 것만큼 보인다고 법성포에서 거친 자연석에 글씨가 마모된 매향비를 처음 보았을 때는 대수롭지 않게 여겼다. 여기서부터 200보 되는 곳에 매향을 하였다는 기록이 있다. 법성포 입안 마을에 있는 매향비는 배가 닿던 곳이라 80년대 초까지 닻줄을 매던 빗돌로 쓰였다. 일제강점기 때 간척사업으로 갯벌이 논으로 변하였고 새마을 사업이 한창때 꽃동산으로 밀려났다가 마을 제방이 무너지자, 둑을 막는 돌로 쓰였다. 여러 번 옮겼기 때문에 매향의 정확한 위치를 찾을 길이 없다고 하니 안타깝다.

매향은 미륵신앙과 관계가 깊다. 미륵은 인도 브라만 집안에서 태어나 석가의 가르침을 받고 미래에 성불하리라는 수기를 받아 도솔천에 상주한다. 미륵이 있는 도솔천에 태어나기를 바라고, 미래에는 인간세계에 태어나 중생을 교화할 미륵불의 구원을 갈망하는 신앙이, 미륵신앙이다.

여래가 열반 후 56억 7천만 년 후가 되면 성불하여 미륵이 도솔천서 내려와 용화수 아래서 용화 법회를 3회 열어 모든 중생을 구원하신다고 한다.

우리나라에서는 『삼국사기』에 현덕왕 919년에 매향의 기록이 처음 나온다. 현덕왕은 당나라에 군사를 파견하였고 흉년으로 인하여 기근이 심해져 백성들이 당나라 절강성 쪽으로 가서 구걸하는 자가 많았다는 기록으로 보아 힘든 시기였다.

암울한 현실에 처한 백성들은 미륵의 구원을 갈망하였다. 고려말에 매향을 많이 한 것은 원나라의 내정간섭과 관리들의 부패, 잦은 왜구의 침입으로 바닷가 백성들의 피폐해진 삶과 연관이 깊다.

천 년 묵은 침향이 나오면 미륵의 세계가 열릴 것이라는 염원이 담겨 있다.

지금 우리나라는 전쟁의 폐허를 딛고 세계 11위의 경제 대국이다. 6.25 전쟁 때 우리를 도와준 우방국 중에는 지금 국민소득이 우리와 많은 격차를 보이는 가난한 나라들이 여럿 있다.

우리는 훌륭한 지도자를 만났고 우리 부모 세대들이 허리띠를 졸라매고 경제 건설을 하였고 교육에 힘쓴 결과지만, 매향의 음덕도 컸으리라는 생각이 든다.

우리 조상들이 미륵을 기다리며 매향을 하였듯이 나도 좋은 글 한 편을 남겨 침향을 대신하리라 다짐하며 시 한 편 외웠다.

매향비

김영천

바닷물 밀려오는 언저리에
땅을 파고
내 가슴을 묻으리니
천 년 후쯤
그대 꺼내어 그중 향기로운 말 몇 마디는
침향으로 바치시든지
당신의 속 가슴에 깊이 매다시든지
무거운 돌 하나
쑥스럽게 세워두는 마음까지야 어찌할까

녹화 중

슈퍼마켓, 유아원, 자동차 블랙박스, 교차로, 골목길까지 녹화 중이다. 외출하여 볼일 보고 오는 동안 내 모습이 여러 곳에 찍혔을 것이다. 강원도 경계를 넘으니, 핸드폰에, 서울시에서 보낸 재난 문자메시지가 뜬다. 비밀이 없는 세상이다. 계산대나 현금 자동출납기 위에는 '녹화 중'이란 문구가 있어 왠지 내가 범인 취급을 받는 것 같을 때가 있다.

CCTV는 순기능이 많지만 나는 불편하다. 집에서 밭을 가는 20분 동안에 초등학교, 유치원, 노인 보호시설 입구까지 네 번을 거쳐야 한다. 여름철에는 동트기 전에 출발해 더워지기 전에 일을 마치고 돌아온다. 새벽에는 사람과 차량의 통행이 뜸해서 집중하지 않으면 과속하기 쉽고, 급정거하여 놀랄 때가 있다.

마음은 급한데, 주행속도를 지키기 위해 서행하니 짜증이 난다. 학생과 노인이 이용하는 시간에는 30km 서행하는 것이 맞지만, 주말이나 새벽, 밤늦은 시간에는 60km를 적용하는 것이 옳다는 생각이 들어 여러 곳에 민원을 넣었더니 검토해 보겠다. 하는 답변이 왔다.

내가 아는 분은 사진작가다. 약사 천에 흰 참새가 발견되었다는 뉴스가 나오자 멀리서도 흰 참새를 찍기 위해 찾아온 사진작가가 있었다. 흰 참새는 돌연변이로 귀하기도 하고 한곳에 오래 머물지 않아 촬영하려면 인내가 필요하다.

사진찍기가 취미인 안산에서 오신 분은 직업군인으로 이 년 전에 퇴직하였단다. 취미가 같은 사람들은 이야기 소재가 많다. 그분과 정보를 나누고 춘천의 사진 찍을 만한 곳을 소개해 주고 서로 찍은 사진을 보여주며 김밥을 나누어 먹었다.

흰 참새는 보지 못한 채, 물가 풍경을 여러 컷 찍은 후 헤어졌다. 운교동을 지날 때 렌즈가 든 가방을 돌 위에 놓고 온 생각이 나서 급히 차를 돌려 갔더니 돌 위에 놓고 온 가방이 보이지 않고 안산서 온 사진작가도 보이지 않았다.

렌즈를 바꿔 끼고 산책을 하는 사람들을 피해서 돌 위에 놓았으니 본 사람은 그 사람밖에 없다. 의심은 가는데 연락처를 모르니 답답했다. 기백만 원하는 렌즈가 든 가방이라 허탈하고 동호인으로 괘씸한 생각도 들어 춘천경찰서에 가서 도난 신고하였다.

CCTV를 돌리니 가방을 들고 가는 사람의 옷차림이 그 사람인데 거리가 멀어서 얼굴이 정확지 않았다. 경찰은 얼굴이 정확하게 보이지 않으니, 심증만으로 범인이라 단정 지을 수 없다. 접수해 놓을 테니 기다려 달라고 하여 큰 기대를 하지 않았다.

20여 일 후에 가방을 찾아가란 연락을 받았다. 약사천 CCTV부터 추적해 안산까지 연결해 그 집에 가서 가방을 찾고 경찰서로 불러 진술을 받았단다.

거리에 목격자를 찾는다는 현수막이 붙어 있다. 왕래가 뜸한 시간이면 목격자를 찾기 힘들고, 목격자도 경찰서 방문을 꺼리거나 번거롭게 생각해 신고하지 않아 목격자를 찾기 힘들었다. CCTV는 24시간 목격자며 범죄 예방에 효과가 크다. 통합관제팀은 주정차 단속은 물론 취약지역과 우범지역을 집중적으로 모니터링하고 경찰에 연락해 범인 검거율을 높이고 있다. 유치원에서 벌어지는 아동학대 사건이 밝혀지고 범인 검거율이 높은 이유를 알 수 있다.

여기저기 CCTV가 설치되어 불편하다는 생각과 꼭 저렇게까지 해야 하나 하는 생각이 들었는데 법을 지키지 않는 사람이 너무 많다. CCTV는 백 마디 말보다 확실한 증거다. 우리의 안전을 위해서 필요하다.

만약을 대비해 자동차를 출발하기 전에 블랙박스부터 확인한다. 사람의 양심보다 기계의 능력을 믿는 세상에 살고 있다.

자격증 시대

70대 장년이 자격증 18개를 가지고 있다고 죽 펼쳐 놓은 사진을 보았다. 시대의 변화인가, 아니면 정보 부족인가. 이름조차 생소한 자격증이 있다. 자격증은 일정한 신분이나 지위. 일하는데, 필요한 능력을 인정하는 증서다. 국가 공인 자격증은 한국직업능력개발원, 민간자격증은 민간 자격정보서비스에 등록되어 있다.

나도 자격증을 따려고 땀을 흘리며 고생한 적이 있다. 코로나 확진자가 늘어서 모든 봉사활동을 접었다. 외출할 일이 적으니, 하루가 길고 머리가 텅 비어가는 느낌이 들었다. 글쓰기에 도움이 될 것 같아서 독서 논술 1급 지도자과정 수강 신청을 하였다.

28명 중 나이가 제일 많다. 톡톡 튀는 아이디어와 거침없는 발표, 사회생활을 통해 얻은 지식을 따라갈 수 없으니, 첫 수업부터 주눅이 들었다. 왕언니라며 챙겨주는 것이 부담스러워 여덟 명씩 그룹을 지어 토의할 때는 슬그머니 뒤로 빠졌다. 학력, 인원 가리지 않고 당당하게 박물관에서 전시 유물을 설명하였는데, 젊은 사람 틈에서 생소한 주제 발표를 하려니 긴장되었다.

교육이 끝났다. 시험을 보아 70점 이상 맞아야 자격증이 나온다니 왕언니가 떨어지면 체면이 서지 않을 것 같아 머리를 싸매고 프린트해 준 예상 문제를 달달 외웠다. 독서 논술 1급 자격증을 받았는데도 써먹을 일 없고 내 만족이란 생각이 들어 덤덤하였다.

상업학교를 나왔다. 그때만 해도 시험을 쳐서 합격해야 상급학교로 진학하였고 여학생에게 상업학교는 인기였다. 경리사원은 주산, 부기, 타자기가 필수였다. 주산 1급, 타자 3급, 부기 3급을 따지 못하면 졸업이 보류되는 학교 규칙이 있었다. 수업은 주산, 부기, 타자 같은 상업과목이 주류였고 영어도 상업영어를 배워서 주문서, 상품 송장, 인수증, 수표와 어음 발행, 신용장 같은 실무를 배웠다.

매일 첫 수업 시작 전에 신속, 정확을 외치며 20분은 암산부터 시작해 주산 놓는 시간이다. '털고 놓기'를 선생님이 숫자를 부르면 눈을 감고 세 자리까지 암산했다. '자르륵, 자르륵' 주산 놓는 소리가 소낙비 소리같이 지나갔다. 세 자리까지 하던 암산 실력은 한자리에 머물러 있지만, 숫자를 빨리 읽고 기억을 오래한다.

저학년은 머리 길이가 귀밑 2cm. 졸업반은 어깨까지 허용하였다. 교문에서 규율부와 가위를 든 선생님이 지키고 있다가 머리가 좀 길면 여지없이 싹둑 잘랐다. 긴 머리를 땋거나 올리고 다니는 무용반 친구가 얼마나 부러웠던가!

3학년이 되면 방학 때, 가까운 은행으로 실습을 나갔다. 통장에 입출금을 숫자로 기록하던 시대니, 세 칸짜리 줄에 팔이 저리도록 숫자 쓰기를 연습하고 집에 와서도 인쇄체처럼 쓰도록 밤새도록 연습했다. 오후에는 손에 때가 검게 묻도록 동전을 세어 포장하는 일과 지폐를 세고 묶는 일을 했다. 지폐를 100장씩 묶은 끈이 느슨하면 차곡차곡 싸이지 않고 접힐 우려가 있으며 바짝 조이다 끈이 툭 끊어지면 지폐가 책상 밑으로 흩어져 찾는 일이 만만치 않았다.

어느 날 지점장님은 돈다발을 들고 이것이 무엇이냐. 물으셨고, “네 주머니에 있을 때는 돈이지만 여기에 있는 것은 종이다.” 하셨던 말이 기억에 남아 있다. 1원이라도 계산이 맞지 않으면 맞을 때까지 퇴근할 수 없었다.

4차 혁명 시대에 취직을 위하여 스펙을 쌓고 자격증을 취득한다지만, 발전 속도가 빨라 따라가기 힘들겠다. 일본 니혼게이자이 신문 보도를 보면 ‘50년 안에 사람이 하는 업무 중 34%는 로봇으로 대체하는 시대가 온단다.’ 자동화와 인공지능 로봇이 제조업에 투입되고, 의사, 제빵기술자, 점원, 경기심판, 건설 현장 감독관, 모델 등은 물론 소설까지 쓰고 있다. 무인 매장과 무인 자동차가 등장하였다.

시간이 돈인 현대사회에서 신속, 정확한 인공지능 로봇 등장으로 일자리를 잃게 될 때를 대비해 전문성을 키워야 한다. 단순 업무나 데이터 등은 로봇이 빠르고 정확하지만, 의사 결정이나 감동을 주는 일, 성직자는 대신할 수 없단다.

인공지능(AI)이 인간의 창작 영역을 허물지만 아직은 인간이 명령을 내려야 한다. 대량생산에서 개인별 맞춤형 생산으로 바뀔 것이니, 그에 맞는 생활방식도 달라질 것이다. 시대에 따라 바뀌고 사라질 것이 어디 자격증뿐이겠나. 젊은이들이 능력에 따라 노력한 만큼 대우 받는 세상이 오기를 기대한다.

버려야 할 것이 하나씩 늘어나고 있다. 반세기 전에 취득한 주산과 부기, 타자 자격증을 종량제 봉투에 넣었다. 세월 따라 자연스럽게 자리바꿈이 이루어지고 있다. 시대에 맞추려니 이래저래 힘든 세대다. 그래도 소처럼 뚜벅뚜벅 걸어가련다.

뿌리 찾기

해외 입양아들을 초청해 발전된 고국의 모습을 보여주며 부모를 찾아주는 프로그램을 시청하였다.

"나는 미국 시민권이 있는 미국인이다." 나를 버린 부모가 어떤 사람인지 궁금하지 않다는 입양아를 보면서 A.P 레일리 저서로 퓰리처 특별상을 받은 『뿌리』의 주인공 쿤타킨테의 눈빛이 겹쳤다.

가난 때문에, 미혼모로, 어머니의 사망 등 입양 때 남긴 사연과 정보가 천차만별이다. 부모가 있어 태어났지만, 자신이 원하거나 선택한 것도 아닌데 외국으로 입양되었다. 그들은 어린 나이에 외모가 다르고 언어와 환경이 다른 양부모를 처음 대했을 때 얼마나 낯설고 두려웠을까? 그들이 감당하기는 벅차다.

커갈수록 늘 나는 누구인가? 답을 찾아 고민하다가 기쁨과 두려움을 안고 고국 방문길에 올랐다고 한다. 이제는 낯선 나라가 되어버린 창밖 풍경과 자신이 자란 보육원의 낡은 서류 속에서 기억의 퍼즐 조각을 찾으려고 애쓰고 있다. 그들을 지켜주지 못하고 남의 나라로 보낸 것이 부끄럽다.

몇몇은 어렵게 찾은 부모와 만났다. 그동안 얼마나 많은 감정을 삭였을까? 원망이 사그라들고 그리움이 쌓여야 친부모를 받아들일 수 있는 마음의 공간이 생긴단다. 부모를 만나도 서로 말이 통하지 않아 "낳아 주셔서 고맙다." 하는 말을 하고 멀뚱멀뚱 쳐다보고, 부모는 미안한 마음을 대신할 말이 없어 끌어안고 눈물만 펑펑 쏟고 있다.

다른 환경에서 교육받으며 성인이 되었는데도 그들의 생김은 전혀 바뀌지 않아 용케도 혈육이 붕어빵처럼 닮아 첫눈에 알아볼 수 있다. 매운 떡볶이와 김치를 익숙하게 먹는 것을 보면 그들의 뿌리는 분명 한국인이다.

뿌리를 찾아 고국을 방문한 입양아를 보면서 우리집 뿌리가 궁금하여 집안의 역사와 가계를 수록한 족보를 펼쳤다. 우리집 족보는 1546년 병오년 경상감사 문강공에 의해서 3권이 만들어졌다는 기록이 있으니 478년 동안 이어지고 있다.

첫 장에는 국보 111호로 우리나라에서 가장 오래된 회현 안향 존영이 소수서원에 있다는 설명이 있다. 장단 대덕산에 있는 문정공 안유(안향) 묘와 몇 개의 서원이 눈에 들어온다.

문정공 안유는 고려 충렬왕 때 원나라에서 『주자서』를 직접 베끼고 공자와 주자의 진상을 그려다 모셨다. 미신을 타파하고 성리학을 도입해 보급하였으며 교육에 힘쓰신 분이다. 최초로 육영재단을 만들었다. 위패는 전국의 14개 서원과 361개 향교에 동방 18현

중 1인으로 배향되어 있다.

대한 청년단 연합회를 조직해 독립단원 훈련을 시킨, 독립운동가 안병찬, 도산 안창호(26세손), 안중근(30세손), 독립군 사령부를 창설한 안우, 임시정부 자금책임자 안희재, 최초의 비행사 안창남, 애국가 작곡가 안익태…. 족보에는 존경하는 인물들이 줄줄이 들어 있다.

단종 복위 사건으로 번성하던 집안이 벼슬을 하지 못하고 본관인, 순흥을 떠났다. 세조는 앞으로 백 년 동안 순흥 안 씨는 과거 급제를 못 하게 하라는 어명을 내렸다. 금성대군과 함께 순흥 땅의 안씨 가문이 멸문당할 때 흘린 피가 삼십 리를 흘러 전설이 된 피끝마을(지금은 피끌이 마을이라 부름). 단종이 복위될 때까지 241년 동안은 힘든 시기였다.

여러 나라에 입양되어 바르게 큰 이들은 손재주가 좋고 머리가 좋은 유전자를 지니고 있어서, 각계에서 두각을 나타내고 있다. 국경이 없다 하는 세상에 그들은 우리의 자산이다. 부모를 찾고 떠나는 입양아들은 "사람마다 각자 주어진 삶이 있다." "나는 한국계 미국인이다." 하며 활짝 웃었다. 나라가 있고 어버이가 있어야 내가 있다. 뿌리는 생명의 근원이다. 바르게 자라 일가를 이룬 그들이 대견하고 고마웠다. 그들의 뿌리는 한국이며 언제고 마음만 먹으면 돌아올 수 있다는 믿음을 심어 주어야 한다는 생각이 들었다.

4

아름다운 마무리를 위하여

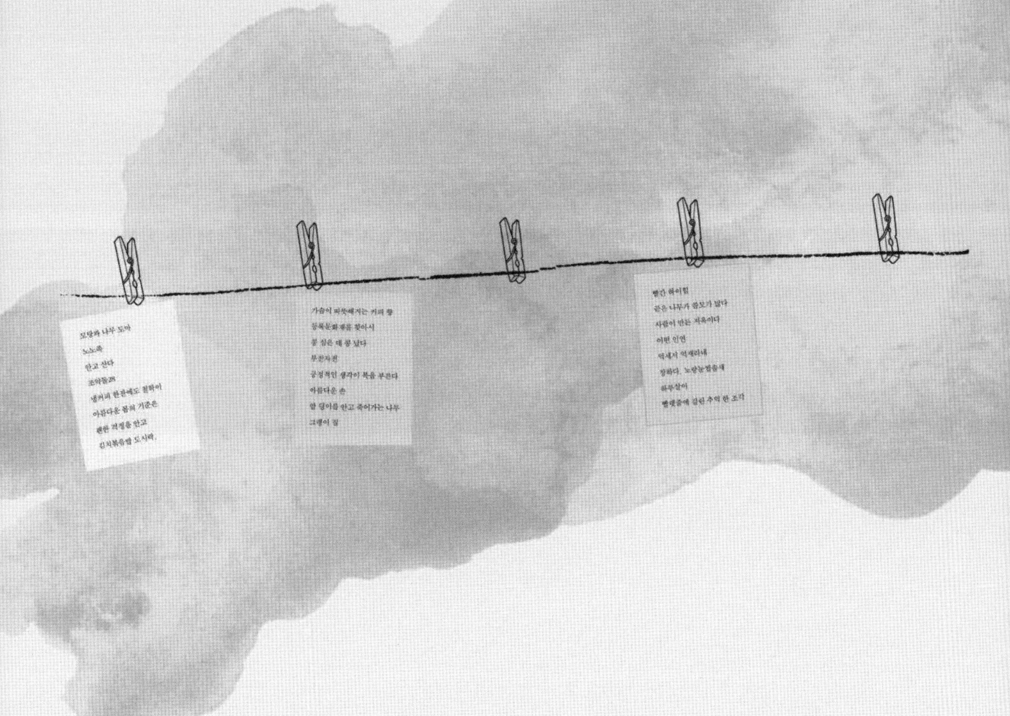

환자는 가족을 사랑하고 행복하기를 바란다. 치료 기간이 길면 남은 가족의 생활은 피폐해지는데 어떤 환자가 불필요한 연명의료 행위를 원하겠나! 환자는 고통스러운 삶보다는 영혼의 자유를 원할 것이다. 내 발로 가고 싶은 곳을 가고, 음식을 달게 삼키며, 꿈이 있어야 살고 싶을 것이다. 남아 있는 사람의 집착과 체면 때문에, 몸에 주렁주렁 줄을 달고 산소호흡기에 의존해 숨을 쉬고 싶지는 않을 것이다.

아름다운 마무리를 위하여

사전연명의료의향서를 등록하였다. 죽는 날까지 건강하게 살고 싶지만, 한 치 앞을 모르는 게 사람이다. 건강할 때 결정해야 할 것 같아 사전연명의료의향서를 등록하였더니 밀어둔 숙제를 끝낸 것같이 홀가분하다.

1990년대 초에, 의대생들은 시신이 없어서 중국까지 가서 실습한다는 방송을 듣고서, 마지막 좋은 일을 하고 싶어 시신과 각막, 장기기증을 하였다.

평생 시집살이했는데 죽어서까지 시집 조상님 발치에 묻히는 것도 싫고 층층이 포개져 있는 봉안당도 싫다. 강원대학교 의과대학 교정에는, 시신을 기증한 사람 위령비가 있고 위령비의 뒷면에는 년도 별로 기증자의 이름이 새겨 있다. 집과 가깝고 교정이 넓어 계절마다 산책하기에 좋으니, 어미의 흔적을 아이들이 찾기에 무리가 없겠다.

인간은 삶과 죽음의 경계에 있다. 한 사람의 일생은 의학적인 마무리로 끝나는 것이 아니다. 살아온 인생 못지않게 가족, 친구, 직장 등 자신을 둘러싼 이들과 작별하는 삶의 마무리도 중요하다.

입원과 퇴원을 반복하며 91년 동안 생을 이어가고 계시는 시어머니를 시누가 모시고 있었다. 어머니 병세가 심상치 않자, 시누는 두려운 마음에 119를 불렀고, 그들은 지역 경계를 넘을 수 없다며 매월 진료받는 병원이 아닌 가까운 병원 응급실에 데려다주었다.

다음 날 운명하셨으니, 의사는 어떤 처치도 소용없다는 것을 이미 알고 있었을 것이다. 가족의 원망을 들을까 봐(?) 응급실 메뉴얼대로 의사의 임무에 충실하기 위해(?) 법 때문에(?) 어떤 이유인지 입원하는 환자가 하는 모든 검사를 다 하였다.

병원비가 아까워서만은 아니다. 건강한 사람도 여러 가지 검사를 하면 지친다. 말씀은 못 하셔도 의식은 또렷하신데 싫다는 말씀 못 하시고 아픔을 참느라 얼마나 고통스러웠을까? 양쪽 팔과 손등, 심지어는 발목 위쪽까지 혈관을 찾은 흔적이 퍼렇게 남아 있어 마지막 가시는 길이 고통스러웠다는 생각에 가슴이 메었다.

의사를 원망하는 내 말을 듣고 있던 친구는 눈물을 글썽이며 지난해 돌아가신 어머니 이야기를 했다. 바쁘게 사는 시대에 간병인이 필요한 노인 문제가 가장 큰 문제다. 친구의 어머니는 코를 통한 줄로 영양식을 넣고 계셨다. 코에 조그만 이물질이 들어가도 재채기가 나고 눈물이 나오는데 호수를 꽂고 있으니 얼마나 고통스러웠겠나. 말씀은 못 하셔도 의식은 또렷해 자꾸 줄을 빼니, 내 어머니 두 손을 침대에 묶어도 좋다고 허락하였단다.

얼마나 용을 썼으면 묶여 있는 가느다란 손목에 빨갛게 피가 맺혀 있었다. 움직이는 자유마저 빼앗기고 혈관을 찾느라 여기저기 찔러댄 시퍼런 멍 자국을 보고서 돌아서면 가슴에 돌덩이가 얹힌 것같이 무거워 발걸음이 떨어지지 않았단다. 임종마저 지키지 못했다며 눈물을 흘렸다.

환자는 가족을 사랑하고 행복하기를 바란다. 뇌사나 연명치료 기간이 길면 남은 가족의 생활은 피폐해지는데 어떤 환자가 불필요한 연명의료 행위를 원하겠나! 환자는 고통스러운 삶보다는 영혼의 자유를 원할 것이다. 내 발로 가고 싶은 곳을 가고, 음식을 달게 삼키며, 꿈이 있어야 살고 싶을 것이다. 남아 있는 사람의 집착과 체면 때문에, 몸에 주렁주렁 줄을 달고 산소호흡기에 의존해 숨을 쉬고 싶지는 않을 것이다. 회생하기 힘들다는 의사의 판단이 있어도 가족 중 누가 치료를 중단하라고 총대를 메나?

토지의 작가 박경리 선생님은 유방암 수술을 하신 분이다. 83세 나이에 폐암이 찾아왔다. 이만큼 살았으면 잘 살았으니, 삶에 대한 욕심을 버리겠다고 항암 치료를 거부하고 퇴원하셨다. 평시 모습대로 '버리고 갈 것만 남아 편하다며' 깨끗하게 가셨다.

조상의 묘를 잘 돌보는 것이 효의 기본이라는 유교 사상도 시대에 따라 바뀌어야 한다. 제삿날, 아이가 아플 때도 있었고 배가 남산만 할 때도 있었다. 제사 음식은 손이 많이 간다. 직장인은 매달 돌아오는 제사가 버겁다.

종손으로 조상의 묘 돌보기와 제사 지내기가 얼마나 많은 시간을 소비하며 어려운지 알기에 딸만 둘인 아들에게 짐을 덜고 편히 살게 해주고 싶다.

박경리 선생님처럼 모든 욕심을 내려놓는 연습 중이다. 사전연명의료의향서를 등록하고 시신과 장기를 기증했으니, 제사도 지내지 말라 유언하면 가볍게 이승을 떠날 수 있겠다. 생각을 바꾸니 가족의 짐을 덜어 준 것 같아 홀가분하다. 어려운 숙제를 끝낸 학생의 마음이 이러하겠다.

겉모습만 보면 안 되는데

"샘플이니까, 써 보셔요." 화장품을 사면 샘플 몇 개를 집어 준다. 공짜로 주니까 받아 드는 마음도 흡족하다. 주로 매일 쓰는 스킨과 로션인데 작아서 목욕이나 여행 갈 때 편해서 선호한다.

화장품은 순서에 따라 몇 가지를 바르는데 그것이 동시에 떨어지지 않기 때문에 대부분 기존에 쓰던 상품과 같은 상표로 구매하게 된다. 영양 크림이 조금 남았기에 샘플을 얻을 겸 영양 크림을 샀다.

바닥이 드러난 영양 크림통은 이중 구조로 되어 있어 겉보기는 큼직해도 실제는 양이 적어 속은 느낌이 든다. 깨알 같은 글씨로 용량이 표시되었으니 속인 것이 아니지만, 가격과 용량까지 꼼꼼하게 따져가며 사는 사람이 과연 몇이나 될까? 꼼꼼히 따지지 않고 겉모습만 보고 무심히 사는 소비자의 의식도 문제가 아닐까?

제일 먼저 소비자의 시선을 끄는 것이 제품의 외형이고 외형은 디자인과 포장의 결과물이다. 디자인은 제품의 품격을 높여준다.

상표와 포장, 디자인까지 등록하여 보호하고 있지만, 인기 있는 상품은 눈속임이 많다.

예전 같지 않아 포장지를 유심히 살펴보면 상품명이나 포장만 비슷할 뿐 생산자가 다르고, 포장을 달리하여 양을 줄였으니 눈여겨보지 않으면 지나치기 쉽다. 구운 김은 열 장씩 포장이 된 줄 알았는데 양이 적어 보여서 세어 보면 8장이고 일회용 접시는 10매씩 포장이 되어 있었는데 포장지에 8매라고 표기되어 있으니, 값이 오른 것이다.

쓸모가 있을까 해서 모아 두었던 포장지를 풀면서 포장지는 사람들의 의복과 같지 않을까 하는 생각이 들었다. 면접시험관은 외모와 태도, 대화로 1분 안에 그 사람의 됨됨이를 평가할 수 있다고 한다. 첫인상을 판단하는 잣대로 머리 모양, 표정, 말씨 등 외모와 옷차림의 비중이 높단다. 옷차림도 나이와 신체의 조건, 장소, 계절 등 많은 요소가 있지만, 외모에 그 사람의 인품이 어느 정도 들어 있다고 한다.

편안하고 부드러워 보이는 인상은 누구나 원하는 모습이지만 그게 어디 그리 쉬운가! 얼굴 일색이 마음 일색만 못하다 하여 외모보다는 심성을 강조하고 있다.

한비자에 나오는 매독환주(買櫝還珠)는 상자만 사고 구슬은 돌려준다는 뜻이다. 초나라 사람이 정 나라로 진주를 팔러 갈 때 비싼 값을 받으려고 목란으로 상자를 만들어 주옥으로 화려하게 치장하였다. 정 나라 사람은 한 푼도 깎지 않고 값을 치른 뒤 상자만 가져가고 진주는 초나라 사람에게 도로 주었다. 겉치장에 눈이 팔려 진주는 아예 눈에 들어오지 않았다는 이야기다.

어느 기업가는 '디자인은 제품을 둘러싼 껍질이 아니라 제품을 감싸는 영혼이다. 품질과 기능만 중시하던 기업이 디자인 경영에 대해 확실한 철학을 갖고 있어야 성공한다.' 하였다. '보기 좋은 떡이 먹기도 좋다'고 이왕이면 겉모습이 좋아 보이고 내용물까지 실속 있다면 더 좋지 않겠는가.

식구가 단출해지니 유통기간이 지나 남은 양은 버려야 할 때가 있어 값이 조금 비싸도 적은 양을 선호하게 된다. 샘플도 원가에 포함된 이상 샘플을 없애는 대신 용량이 적은 상품도 만들어 소비자가 제값 주고 부담스럽지 않게 자주 사 쓰는 것이, 바람직하다는 생각이다. 급한 성격에 시력까지 떨어져 꼼꼼하게 읽기는 쉽지 않지만 어쩌겠는가. 겉모습에 현혹되지 않고 내용물과 양까지 꼼꼼하게 따져보는 똑똑한 소비자가 되어야겠다.

발등에 불이 떨어져야 움직이는 사람들

동인지 발행을 앞두고 마감 날짜가 지나도 작품 수가 부족해 독촉 전화를 한다. 연말에 동인지를 발간하니 준비 기간이 거의 일 년은 되는데 발등에 불이 떨어져야 허겁지겁한다. 인쇄하기 직전에 작품을 끼워 넣거나 내용을 바꾸기도 한다. 실무진은 중간에 점검을 다시 하고 출판기념회 날짜를 맞추느라 애가 탄다.

문인들만이 아니다. 아이들도 마찬가지로 시험을 앞두고 유유자적하다 막상 코앞에 닥치면 커피를 마셔가며 밤을 새우느라 법석을 떤다. 봉사원 중에도 논문을 제출해야 한다고 논문 타령을 하다가 안 보이면 논물 제출이 임박했구나 싶어 아예 연락을 안 한다. 습관을 고치라고 하지만 늘 매한가지다. 우리나라 사람들의 유전자 속에는 발등에 불이 떨어져야 위급 상황을 느끼는가 보다. 외국인이 입국해서 제일 먼저 배우는 말도 '빨리, 빨리'라 하지 않는가.

사람은 기후와 환경에 많은 지배를 받는다. 열대지방에 사는 사람들은 3모작과 과일 등 먹을 것이 풍부하고, 긴 시간 일할 수 없는 기후 때문인지 게으르단다.

밥을 주식으로 하는 우리 민족은 한나절 볕이 다르다 할 만큼 기후가 빨리 변해 작물을 심는 시기와 수확 시기를 놓치면 수확량이 줄거나 망치게 된다. 작물이 농부의 발걸음 소리로 큰다니 부지런해야 한다. 서리가 오고 얼음이 얼기 전에 거두어들여야 하니, 추수철이면 부지깽이도 뛴다. 할 만큼 바쁘다.

신라 고분에서 출토된 무사 형 토기에는 말을 타고 큰 칼을 치켜든 무사 뒤쪽 말의 엉덩이에 밥솥이 붙어 있다. 전쟁 중에도 먹어야 하니 밥솥이 무기만큼 중요하였나 보다.

쌀을 주식으로 하는 민족은 솥이 있으면 어디서나 쌀에 물을 붓고 땔감을 구해 쉽게 밥을 지어 먹을 수 있다. 급할 때와 채소를 구하기 힘들 때면 장에 비벼도 한 끼를 해결할 수 있다. 쌀과 물의 비율도 손을 넣어 적당하게 맞추면 된다. 물의 양에 따라 밥이, 되거나 질어도 먹을 수 있다.

뜸이 덜 들면 조금 기다리고, 밑이 조금 눌어붙거나 타면 물을 부어 숭늉을 만들어 숭늉으로 수분을 보충하며 뒷정리까지 한다. 밥이 질어도 소화가 잘되며, 잡곡이나 감자, 고구마, 해물과 채소를 함께 넣어도 물을 잘 맞추고, 불 조절만 하면 다양한 밥을 즐길 수 있다. 콩나물이나 무채, 굴을 넣어 양념장에 비비면 독특한 맛을 즐길 수 있다.

밀이 주식인 빵을 먹는 민족은 철저하게 계획부터 세워야 한다. 이스트와 물, 첨가물의 비율이 맞아야 하고, 시간과 온도가 맞아야 발효된다. 배가 고프면 바로 끓여 먹을 수 있는 쌀과 달리 인내의 시간이 필요하다. 밥은 온도와 조리 기구, 쌀의 품종에 따라 맛의 차이가 있어도 탈 없이 먹을 수 있지만, 빵은 밥 짓기보다 훨씬 까다로워 시간과 온도가 맞아야 맛있는 빵을 먹을 수 있다. 설익거나 타면 버려야 한다.

미국의 어느 고등학교에서 쌀이 주식인 민족과 빵이 주식인 민족을 분석하였다. 쌀을 주식으로 하는 학생들은 시험 날짜와 범위가 발표되어도 태평하게 놀고 있다가 시험 날이 코앞에 닥치면 먹고 자는 것도 잊고 책과 씨름을 하더란다.

빵을 먹는 학생들은 바로 시험 범위를 등분한 후 계획표에 맞춰 공부한 후 총정리까지 마치고 막상 시험 전날은 긴장을 풀기 위해 즐겁게 논다고 한다.

출판기념회를 참작하여 두 달 전부터 공지한다. 그동안 뭐 하고 있다가 마감일이 닥쳐도 작품을 완성하지 못해 발등에 떨어진 불 끄기에 전념하는가! 한 작품을 여러 곳에 제출하는 것은 문인으로서 자존심이 상하는 처사지만 탓할 수만은 없지 않은가.

집행부야 마감일을 연장하면서까지 애를 태우지만, 회원 모두가 참여하고, 좋은 작품이 들어오면 위안받는다. 몇 사람이 바쁘게 움직여 발등에 떨어진 불을 끄고 출판기념회를 하며 또 한 해를 마감한다.

숯

뼛속까지 스며드는 화염 속에서 탄화되어 새까맣게 변한 것이 숯이다. 화덕 앞에 둥글게 둘러앉아 숯을 피우고 고기를 올려놓았다. 소리 없이 빨간 불길이 일렁인다. 그을음이나 연기가 나지 않고 불티가 날리지 않으며, 얼었던 몸을 따뜻하게 녹여준다.

식구들이 화로 곁에 옹기종기 둘러앉아 불을 쬐던 생각이 난다. 알 불을 재로 꼭꼭 다독여 주면, 다음 날 조반 지을 때까지 불씨가 남아 있다. 가운데를 푹 퍼내고 새로 담아 놓은 화롯불은 성에 낀 방을 덥혀주었다. 알 불이 부족할 때는 갈무리해 두었던 숯을 몇 덩이 넣어 간식거리인 밤이나 고구마 감자 같은 것을 굽고 간단한 찌개를 끓이거나 덥혔다. 차례 지내고 남은 각종 전을 석쇠에 얹어 화롯불에 덥혀 먹던 맛은 잊을 수 없다. 참나무나 밤나무 숯은 불 멀미가 난다. 어머니는 불 멀미를 예방하기 위해서 굵은 소금을 한 움큼 뿌리셨던 기억이 난다.

숯을 창고에 저장하여 두고 썼다. 어머니는 정월에 손 없는 날을 택해 짚불로 독을 소독한 후 가라앉힌 소금물을 부은 다음 말려

놓은 메주를 넣었다. 대추 몇 알과 붉은 고추를 서너 개 넣고 빨갛게 피운 숯을 넣어 두면 메주를 건질 때까지 숯은 불순물을 흡착하고 장이 익도록 도와준다.

산모와 갓 태어난 아기는 면역에 약해 삼칠일 동안 외부인의 출입을 막았다. 숯은 솔과 함께 금줄에 끼워져 새 생명의 탄생을 알리고 잡귀를 물리치는 문지기다. 솔잎을 깔고 송편을 찌면 쉬지 않으니, 방부제가 되었고, 숯까지 대문에 걸어둔 것은 균의 침입을 막는 역할을 하였을 것이다.

숯은 습기를 흡수한다. 선림원에 있던 종은 숯에 쌓여있어 부식되는 것을 막았다. 선림원은 10세기 태풍과 홍수가 나서 산이 무너지고 폐사되었다. 1948년 폭우로 땅이 파이며 모습이 드러났을 때 숯에 쌓여 있었다. 종 밑이나 팔만대장경 장경각 밑에는 숯을 묻어 습기의 피해를 막았다. 궁궐이나 절, 정자 같은 건물의 나무 기둥 밑에는 습기의 피해를 막기 위해 숯을 넣고, 개미 같은 해충의 피해를 막기 위해 소금을 넣었다고 한다.

닭을 키웠다. 가끔 힘없이 한쪽에서 꾸벅꾸벅 졸고 있는 닭을 붙잡아 모이주머니를 만지면 딱딱하게 뭉쳐 있다. 이때 모이주머니를 가르고 유리 조각 같은 것을 털어내고 꿰매주면 금방 생기를 찾았다. 모이주머니가 물렁물렁 물이 고여 있는 것 같을 때는 입을 벌리고 숯가루를 넣으면 생기를 찾았다.

박물관 전시실에는 다양한 재료의 가락바퀴가 있다. 가락바퀴는 중앙에 둥근 구멍을 뚫어 섬유에서 실을 뽑을 때 회전을 돕는 부품이다. 돌이나 토기 편을 다듬어 재활용한 것이 많고 간혹 뼈로 만든 것이 있는데 백탄으로 만든 것도 있다. 설명서를 읽지 않으면 색이 비슷해서 뼈로 만든 가락바퀴와 구분하기 힘들다.

철은 녹는 온도가 높아 나무를 태워서는 녹일 수 없다. 숯으로 온도를 높여야 무기나 농기구를 만들 수 있었다. 숯보다 백탄이 온도를 더 높일 수 있어 철기 생산의 발전과 도자기 생산을 가져왔다. 신라의 수도 경주에서는 땔감으로 나무를 쓰지 않고 숯을 사용하였다는 기록이 있다.

숯의 재료는 참나무다. 참나무는 굴피집의 재료가 되기도 한다. 논이 없고 밭농사를 짓는 산촌에서는 볏짚을 구하기 힘들었다. 볏짚 대신 쉽게 구할 수 있는 참나무껍질로 지붕을 이었다. 서리가 내리면 잎이 떨어지고 성장이 멈춰서 껍질이 단단하다. 이때부터 숯을 굽는다.

숯과 관련된 재미있는 일화가 있다. 꾀가 많고 호기심이 많은 삼천갑자 동방삭을 저승사자가 잡으러 왔다. 꾀가 많아 피해 다니니 잡을 수 없어서 고민하던 저승사자는 냇가에 앉아 돌에다 숯덩이를 문지르고 있었다. 호기심이 많은 삼천갑자 동방삭은 왜 숯을 갈고 있느냐. 물었고, 저승사자는 이 숯덩이를 물에 씻으면서 갈아내면 희게 변한다고 하였다. '내가 삼천 갑자년을 살아도 검은 숯이 희게 변했다는 말은 듣지 못했소.' 하자, 저승사자가 냉큼 잡아갔다. 저승사자가 숯을 갈던 내가 탄천이라 전한다.

숯은 제 몸을 태운 후 한 줌 재로 남는다. 사람도 뒤끝이 깨끗해야 한다. 고기를 구우며 눈길은 벌겋게 타오르는 숯에 멈춰 고향집의 추억을 불러왔다. 꽃보다 더 고운 숯이 깨끗하게 소멸하고 있다.

시간의 흔적

무서리가 내리는 쌀쌀한 아침, 마당의 감나무는 가지가 찢어지게 주홍빛 열매를 달고 있다. 올해는 태풍이 비껴갔고 비가 알맞게 내려서 밤과 도토리는 물론 밭곡식까지 풍년이다. 우리집 감나무도 수확을 걱정할 만큼 많이 달렸다. 휘어진 가지가 지탱하기 힘들겠다는 생각에 애처롭기까지 하다.

작년에는 해거리해서 제사상에 올릴 곶감이 모자랐다. 과일나무는 늘 같은 곳에서 양분을 얻어야 하므로 자신이 만든 에너지를 성장과 번식을 위해 해거리한다. 에너지 낭비를 줄이기 위하여 아예 처음부터 꽃이 적게 피거나 성장하는 도중에 달린 열매를 뚝뚝 떨어뜨린다. 훗날 더 많은 열매를 맺기 위해서는 성장만 전념하려는 전략이 필요하기 때문이다.

10년 전까지만 해도 감나무는 추위에 약해 중부지방에서는 키울 수 없었는데, 집마다 감이 탐스럽게 익어가는 것을 보면 지구 온난화로 기온이 올라갔다는 말이 틀린 말은 아닌 것 같다.

우리 집은 북쪽이 막혔고 해가 잘 드는 남향집이라 대봉감나무 묘목을 한 그루 사다 심었다. 몇 년 잘 크더니 30년 만에 찾아온 추위를 이기지 못하고 얼어 죽고 말았다. 그래도 뿌리는 온전했는지 죽은 나무를 베어낸 자리에서 야들야들 윤기 나는 줄기가 올라왔다. 감나무의 생명력이 놀랍다.

감나무 잎은 기름을 발라 놓은 듯 윤이 나며 벌레가 먹지 않아 깨끗하다. 마당을 덮은 나무가 그늘을 만들어 주고 짝을 찾는 매미에게 신방을 차려준다. 결실의 계절이 오면 푸른 하늘에 빨갛게 점을 찍어 마음이 부풀어 오른다. 붉은빛이 다 차오르면 감은 신의 손에서 인간의 손으로 전해질 때가 된 것이다. 모든 일은 마무리를 잘해야 하는 것처럼. 수확을 미루면 바닥에 떨어지고 만다.

음식물 찌꺼기를 먹고 쑥쑥 크는 감나무 가지 끝에서는 풋풋한 새순의 냄새가 난다. 더운 날 뿜어내는 에너지에서 활력을 얻고, 싸한 겨울바람은 몇 개 매달린 달콤한 냄새로 새들을 불러들인다.

아이를 낳은 산모가 산고로 다시는 아이를 낳지 않겠다고 다짐했다가 다시 새 생명을 잉태하듯이 나무도 잎을 키워 내고 이별의 아픔을 감내하며 살아 있음을 증명하고 있다.

나무도 성장의 욕심으로 해바라기하고 빈틈을 파고들어 담을 넘기도 한다. 전지한 과일나무는 웃자람을 막아 굵고 단단해지며 알이 굵어 좋은 결실을 거둘 수 있고 품이 덜 드는 이점이 있다.

감을 수확할 철이다. 감나무 가지는 잘 부러지기 때문에 나무에 올라가지 못하고 긴 장대를 이용해서 가지를 걸어 돌리면 똑 하고 부러진다. 잎이 지고 가지 끝이 잘려 나간 감나무의 몰골이 엉성하지만 봄이 오면 곁가지를 내어 풍성할 것이다.

시간의 흔적들이 쌓여 나이테가 쌓이며 생을 이어간다. 사람도 전지를 잘한 과일나무처럼 웃자란 욕심은 쳐내고 좋은 생각들로 꽉 채우면 노후가 편안하다. 내 마음이 천국에 있으면 세상이 천국이고 긍정적인 생각을 하면 평범한 하루는 행복이다.

서리가 내리면 잘 익은 감을 수확해 껍질을 깎아 추녀 밑에 걸어둔다. 감을 꽂아 걸어두는 도구까지 있으니 편한 세상이다. 곶감을 만들어 냉동실에 넣어두고 제사 때마다 요긴하게 쓴다. 자신의 분신들을 떠나보낸 감나무 가지마다 시간의 흔적이 켜켜로 쌓여 있다.

가지를 포근히 감싸줄 첫눈이 기다려지는 날이다.

여유를 갖자

아스팔트 열기가 찜질방만큼 덥다. 차에서 내리자마자 따가운 햇볕을 피해 해양박물관 안으로 뛰어 들어갔다. 해양박물관은 세계적으로 희귀한 조개류, 산호류, 갑각류, 화석이 있고 동해안 수중 생태계와 서식 실태를 알 수 있는 대형 수족관이 있다. 화살표 방향을 따라 좁은 통로를 따라가면 외부 주차장과 연결된다.

해양박물관은 입장료가 만만치 않다. 비싼 입장료를 내고 들어왔으면 하나라도 더 보려고 눈에 불을 켜고서 보아야 할 판인데 메모할 틈도 주지 않고 뒤의 사람이 자꾸 떠민다. 무슨 할 말이 그리 많은지, 그새를 못 참고 핸드폰으로 크게 일상적인 남의 이야기를 끊임없이 늘어놓으며 앞사람만 쫓아가는 사람도 있다. 나이 들면 청력이 약해져 큰 소리로 말한다지만 외국인이 들으면 화를 내거나 싸우는 소리로 들리겠다. 외국인이 몇 명 끼어 있어 내가 괜히 얼굴이 뜨거웠다.

외국인이 우리나라에 와서 가장 먼저 배우는 말이 '빨리빨리'라더니 그들에게 떠밀리면서 갑자기 자카타의 불교 설화가 생각이 났다. 토끼 한 마리가 도토리나무 아래서 낮잠을 즐기고 있었다. 잠이 막 들었는데 머리 위에서 도토리 하나가 뚝 떨어졌다. 잠결에 토끼는 하늘이 무너지는 변이라도 난 줄 알고 뛰기 시작했다. 갑자기 뛰는 토끼를 보고 노루가 뛰자, 여우 등 산 짐승들도 놀라서 뛰기 시작했다. 이를 지켜본 산속의 왕 호랑이가 앞을 가로막으며 "너희들 왜 뛰어가고 있냐? 어디를 향해 뛰어가고 있느냐." 물었지만 아무도 대답 못 했다. 이곳에서도 토끼를 따라 뛰는 산 짐승같이 맹목적으로 앞 사람만 보고 서두르고 있다.

수족관 속의 많은 물고기는 생김새와 색 또는 사는 환경이 다양하다. 터널같이 생긴 수족관을 따라 몰려다니는 물고기를 쫓으니, 머리가 빙빙 도는 것 같다. 벽면에는 화려한 열대어가, 하늘하늘 춤을 추고, 바위 굴속에서 보호색으로 엉큼하게 숨어 아가미만 벌름거리는 놈도 있다. 살아남기 위한 몸짓이겠지만 반짝이는 작은 물고기는 떼를 지어 다니고 있다. 멸치는 떼를 지어 다니기 때문에 살아남을 확률이 높으며 멸치가 뛰어오르면 큰 고기가 뒤따르기 때문에 그물을 친다고 한다. 사육사가 상추를 뜯어주거나 실지렁이를 던지면 식성대로 먹이통에 조르르 모여드는 모습이 볼만하다.

스림프 피쉬는 노랑과 파랑이 선명하여 색상도 예쁘지만, 하늘로 슬쩍 치켜든 커다란 지느러미가 환상적이다. 유연한 동작이 사뿐사뿐 춤추는 발레리나 같다.

많은 물고기의 움직임을 관찰하고 있으면 더운 줄도, 시간이 가는 줄도 모르며 모든 잡념이 사라지고 머리가 맑아지는 듯하다. 해양박물관에서 생태계를 공부하고 피서도 하면서 반나절쯤은 느긋하게 보낼 수 있으면 좋으련만 빨리 나오라고 보챈다. 도로 공사로 지체하는 시간이 길어져 예정 시간보다 늦었는데 먼저 나가 기다리는 사람에게 피해가 될 것 같아 테라스에서 바닷바람을 안고 화진포 감상을 하려고 하던 계획을 포기하였다.

주차장에는 관광버스마다 시동을 켠 채 공해를 쏟아내고 있다. 한국 사람들의 조급증은 대체 언제쯤 치료가 될까? 빡빡한 일정표에 맞추어 관광을 다녀오면 번번이 피로가 쌓인다. 사진 만 찍거나 볼거리에 그치지 말고 여유를 가지고 지식을 얻고 쉴 수 있는 관광, 토속 음식을 먹고 체험하는 관광을 위해 "천천히" 구호라도 내걸어야 할 것 같다. 아쉬움이 남아 떠나는 관광버스 안에서도 자꾸만 뒤를 돌아다보았다. 호수와 어우러진 멋진 풍경이 따라오고 있다.

원자력 발전소 견학

영광 원자력 발전소로 견학 갔다. 직원의 안내를 받으며 원자력을 이해하기 위해서 발전소를 둘러보니 우리나라 기술이 참 대단하다 느껴졌다. 바다와 발전소 건물, 잘 가꾸어진 정원까지 한 폭의 그림 같다.

에너지는 활동에 필요한 힘이다. 불을 피워 방을 덥히고 음식을 장만하였고, 산업 혁명기에는 석탄을 태워 증기기관을 돌렸다. 태양열, 수력, 풍력, 지열 등 되풀이해서 쓸 수 있는 재생에너지는 많으나 기상 조건이나 지역 편차가 심하며 초기 설치비가 많이 들어 실용화가 힘들다. 오늘날에는 유전을 개발하여 석유나 가스에서 많은 에너지를 얻는다.

화석연료는 매장량이 한정되어 있어서 30년 후면 고갈이 될 위기에 처해있을 뿐만 아니라 이산화탄소의 배출로 환경오염의 주범이다. 화석연료를 태울 때 나오는 이산화탄소는 온실 효과를 가져와 지구의 온도가 상승하게 된다. 기온의 상승으로 빙하가 녹고 게

릴라성 호우, 폭설, 가뭄, 허리케인 등 기후변화가 일어나고 있다.

원자력은 우라늄을 원료로 하여 핵분열을 할 때 얻는 무공해 에너지다. 이탈리아 과학자 엔리코페르미는 우라늄에 중성자를 충돌시켜 연쇄반응으로 에너지를 얻는 데 성공하였다. 원자력을 평화적으로 이용할 수 있는 길을 열었다. 원자력은 발전용 외에 암 치료, 질병의 진단, 품종개량, 식품의 살충과 살균 효과 물질의 두께나 밀도 측정 등 그 쓰임이 많다.

우라늄은 석탄보다 삼백만 배의 열을 내지만 방사선 나오는 것이 가장 큰 단점이다. 러시아의 체르노빌은 세계 최초로 가동된 원자력 발전소다. 나가사키와 히로시마에 투하된 원자 폭탄의 100배의 위력을 가진 체르노빌 원자로의 폭발은 두려움의 대상이었다.

막대한 양의 방사선을 받은 지역 주민은 소아암, 갑상선암, 백혈병, 유방암 등 그린피스의 발표에 의하면 20만 명이 직간접적으로 영향을 받아 사망하였다 한다. 폭발할 때 생긴 낙진 피해 때문에 체르노빌은 사람이 살 수 없는 죽음의 땅이 되었다.

원자력 연료인 우라늄은 소량으로 큰 에너지를 얻을 수 있으며 수송과 저장이 쉬워 원자력 발전소가 늘어나는 추세다. 우리나라는 세계 6위의 원자력을 보유한 나라로 현재 월성, 영광, 고리 등에 24기가 가동 중이다. 우리나라는 다섯 겹의 방호벽으로 방사선을 완벽하게 차단하기 때문에 방사선 누출 사고로부터 안전하다. 부지 주변에 지진감시 설비를 갖추고 있으며 내진 설계가 되어있다. 고리 1호기를 준공한 후 30년이 지나 축적된 기술은 중국, 베트남,

인도네시아, 루마니아에 수출을 추진하고 있다.

우리나라는 석유나 가스 같은 천연자원이 생산되지 않으면서 에너지 의존도가 높은 중화학 위주의 산업구도를 갖고 있어 원자력 발전소를 증설해야 한다.

영광의 원자력 발전소는 전라남북 지역과 제주도에서 필요한 전력을 담당하고 있다. 협력업체 직원까지 2,600명 이상이 상주하고 있다고 한다. 바닷물을 끌어들여 냉각수로 쓴 물이 다시 바다로 흘러 들어간다. 2도 정도 높아진 바닷물에는 높은 밀도로 많은 어종이 자라고 있다. 매주 주말이면 배수로에서 낚시할 수 있고 양식장을 만들어 5월이면 지역 주민과 회를 먹으며 나눔의 자리를 마련하고 있다. 33만 평의 넓은 대지에는 정자와 팔각정을 갖춘 공원이 있고 축구장과 놀이터를 무료로 개방하고 있다.

편리한 생활을 하려면 필요한 에너지는 점점 더 늘어나게 된다. 영광 원자력 발전소를 견학한 후 초기시설비는 비싸지만, 전력의 단가가 낮은 원자력 발전소의 필요성을 깨달았다. 위험하다는 선입견이 사라진 알찬 견학이었다.

제비를 기다리며

몇 년 만에 본 제비다. 허름한 식당의 대들보 밑에서 새끼를 키우는 제비 모습이 정겹다. 누구 입이 더 크나 내기를 하듯 노란 주둥이를 짝짝 벌리며 서로 먼저 먹겠다고 난리를 친다.

해마다 잊지 않고 제집을 찾아오는 제비는 얼마나 영특하고 의로운 새인가. 사람과 교감을 많이 나누어서인지 '사람이 살지 않거나 덕이 없는 집은 제비도 집을 짓지 않는다.' 하여, 혼사를 정할 때는 제비집이 많은 집을 택하였다 전한다.

어렸을 때 제비가 추녀 밑에 진흙과 짚을 물어다 집을 짓고 알을 부화해 새끼 키우는 모습을 보았다. 추녀 밑에는 묵은 제비집이 여러 개 있는데 묵은 집을 보수하는 제비는 지난해 살던 제비고, 새로 집을 짓는 제비는 지난해 부화한 새끼가 어미와 함께 돌아온 것이라 하였다.

부리가 노란 새끼들이 언제쯤 날 수 있을까? 궁금해서 매일 마루 끝에 앉아서 커 가는 모습을 지켜보았다. 어미가 먹이를 물고

올 때마다 서로 달라고 아우성을 치지만 어미는 순서대로 주었다.

어느 날 제비집 밑에 한 마리가 떨어져 떨고 있었다. 높은 곳에서 떨어졌어도 죽거나 다치지 않았다. 부주의로 떨어졌나 싶어 제 집에 넣어 주었더니 비쩍 마른 모습으로 또 떨어져 있었다. 새끼 중에서 가장 작은 놈이었다. 장마철에 제비는 먹이 찾기가 힘들어, 여러 마리중 제일 약한 놈을 떨어뜨린 것이었다.

제비라고 모성애가 없을까? 떨어진 제비는 어미를 향해 죽을힘을 다해 주둥이를 벌리고 있는데, 새끼를 외면해야 하는 어미 심정이 오죽할까? 한 자식을 버려 남은 네 자식을 튼튼하게 키우려고 아픔을 견뎌내는 것이다. 날개가 처진 새끼가 불쌍해 잠자리를 잡아주고 개구리 뒷다리를 잘라 먹이며 정성을 기울였지만, 며칠 못 살고 죽고 말았다.

제비는 등과 날개가 푸른빛 윤기가 도는 검은색으로 아랫부분은 흰색이라 산뜻하다. 유선형의 제비를 닮아서인지 날씬하고 예쁜 사람을 보면 물 찬 제비 같다는 표현을 쓰고, 여자들을 유혹하여 파탄에 빠뜨리는 사람도 제비족이라 부른다.

어느 집단이든지 평범하지 않고 돌출하거나 상식에 어긋난 부류가 있게 마련이다. 열심히 일해서 보람을 찾는 건전한 사회라면 염려할 일이 아니지만, 사회가 어지러우면 꽃뱀이니 제비족이니 하는 부류가 늘어나고 종교가 많아져 사회를 어지럽힌다.

본인의 잘못이 가장 크겠지만 제비족이 쳐 놓은 그물에 걸리면 후회할 사이도 없이 패가망신을 당한다. 통계를 보면 제비족 또한 부를 이루고 잘 살기보다는 철장 신세를 지거나 젊음을 탕진하고 끝내는 불행해진 사람이 많다. 땀 흘리지 않고 쉽게 번 돈은 그 가치를 모르니, 쉽게 쓰기 마련이다.

강남에서 돌아오는 제비 중에는 파렴치한 제비는 없을 것이다. 전깃줄에 앉아 언제나 다정하게 '베베베' 사랑을 나누고 비가 오는 날은 바지랑대에 앉아 처절하게 비를 맞으며 새끼를 지켜낸다.

귀소성이 강해 제가 살던 집으로 돌아오는 의로운 새며, 남의 집이나 먹이를 가로채는 일 없고, 까치처럼 집단생활을 하며 싸우는 것을 한 번도 본 적이 없다. 제비족이란 부정적인 이미지를 버리고 예의 바르고 단정하고 반듯한 사람의 대명사로 바뀌어야 한다.

저기압 때는 제비가 낮게 날아서 날씨를 점치고, 제비가 오고 가는 절기에 맞게 농사를 지으며 살았다. 요즈음 시골에서조차 제비 보기가 힘들다. 제비는 정직하고 순박한 사람들을 좋아해서 도덕이 땅에 떨어지니 돌아오지 않는가 보다.

여러 명이 점심을 먹고 있어도 제비는 스스럼없이 머리 위로 날아 둥지를 드나든다. 음식 맛이 그저 그렇고 좀 허름한 집이지만 커가는 제비 모습이 궁금해 또 오고 싶다.

경제가 살아나 실업자나 노숙자가 없고 누구에게나 희망을 주는 커다란 박씨를 물고 오라고 제비에게 소원을 빌어본다.

천 년의 미래를 본다

해인(海印)은 한없이 깊고 넓고 큰 바다를 뜻한다. 거친 파도와 같은 중생의 번뇌 망상이 멈춰 부처의 법이 비친다는 뜻을 담고 있다. 가야산 자락에 있는 해인사는 통일신라(802년)에 창건해 1,200년 넘게 명성을 이어온 법보 종찰이다.

세계문화유산 장경판전(국보 제52호)이 세계기록유산인 팔만대장경(국보 제32호)을 보관하고 있다. 대장경 안에는 대방광불화엄경, 반야바라밀다심경, 본생경 등. 부처의 말씀을 기록한 경(經), 승려가 지켜야 할 계율(戒律), 학덕이 높은 스님이 경전에 주석을 단, 론(論)으로 되어 있다.

아날로그 시대를 지나 디지털 시대에 접어든 지금 해인사에서 '천 년의 미래를 본다.' 축전이 열리고 있다. 국내외 관람객에게 유네스코 기록유산이자 국보인 고려대장경 진본을 공개하는 행사다. 팔만대장경은 천 년의 시간을 담고 있다. 그 안에는 종교가 있고, 철학, 문학, 정치, 과학 등 모든 게 녹아 있다.

몽골의 침략으로 온 나라가 전란에 휩싸였다. 이 절체절명의 위기에 성(城)을 쌓는 일도 아니고, 무기 만드는 일이 더더욱 아닌, 착한 백성들은 부처의 힘을 빌려 적을 물리치고자 16년이란 긴 세월 동안 경판 새기기에 열중하였다.

한, EU 자유무역협정 비준 동의안 한글본에는 오류가 여러 곳에서 발견되었다. 영문본과 한글본 모두 국제법으로 같은 효력을 지닌다. 번역 오류가 생겼을 때 법적 분쟁이 초래될 수 있기에 단어나 토씨 하나에도 신중해야 한다.

국가고시에 합격한 외무부 직원들의 번역에도 오류가 발생하는데 경판에 새긴 84,000여 자중 틀린 글자가 하나도 없다니 그 정성은 하늘도 감동할 만하다. 판마다 각수 이름이 새겨져 있고 그 수가 1,800명이나 되지만 숙달된 한 사람이 새긴 것처럼 솜씨가 뛰어나 세계인의 이목을 끌고 있다.

팔만대장경은 천년을 이어오는 동안 크고 작은 전쟁으로 여러 번 위험에 처하였지만 온전하게 남아 있는 것은 부처의 은덕이리라. 경판을 한 장씩 쌓으면 3,250m로 백두산보다 높고 한 장의 무게는 3.4kg이다. 임진왜란 때 일본으로 실어 가려 하였으나 우마차 400대를 동원하기가 힘들어 포기하였다.

또한, 곽재우 의병장이 해인사 입구를 단단히 지키고 있어 팔만대장경의 일본반출을 막았다. 사재로 의병을 일으킨 곽재우 의병장은 솥바위 나루를 건너려던 일본군을 무찔러 의령과 합천 등의 고을을 지켜냈고, 일본군이 호남으로 침략해 들어오는 것을 막았으며,

일본군의 보급로를 막아 큰 공을 세웠다.

한국전쟁 때 해인사는 또 한 번 소실될 뻔하였다. 맥아더 장군의 인천상륙작전으로 허리가 끊긴 북한군 일부는 해인사가 자리 잡은 가야산으로 숨어들었다. 이들을 섬멸하고자 폭탄을 퍼부었고 적이 이용할 만한 사찰이나 외딴 농가, 화전민 촌락에 소개령이 내려졌다. 김영환 대령이 항명하며 팔만대장경을 지켜냈다.

오늘날까지 부식된 경판이 하나도 없이 온전한 것을 보면 우리 조상들의 지혜가 얼마나 뛰어났는지 알 수 있다. 그 비밀은 특수한 장경판전의 건축 기술과 부식과 벌레 피해를 막기 위해 옻칠을 하였다. 장경판전 바닥은 흙이고, 벽면의 아래위와 건물의 앞 뒷면의 살창 크기를 달리하여 실내로 들어온 공기가 건물 내부에 골고루 퍼진 후 아래위를 돌아 밖으로 빠져나갈 수 있게 만들어, 자연적으로 온도와 습도가 조절되게 만든 지혜 덕이다.

해인사 관광을 오신 어느 시골 분이 "스님 해인사에 가면 팔만대장경이 있다는데, 어디 있나요?" 묻자, "저기 왼쪽에 저 건물 보이지요." 스님이 가리키는 곳을 본 그분의 말씀 "아하, 그 빨래판 같이 생긴 것 말이네요." 하였다는 일화가 생각났다.

국보요, 세계문화유산이지만 관심 있게 보고, 배우지 않으면 그 가치를 모른다. 「천 년의 미래를 본다」 주제로 열리고 있는 대장경 축제는 모든 국민이 지식을 얻고 즐길 수 있는 축제로 성대하게 치러야 한다. 내일은 수학여행 때 수박 겉핥기처럼 보고 온 대장경도 보고, 단풍 구경도 할 겸 해인사 나들이를 나서야 할 것 같다.

호미

호미가 고려 가사 사모곡에 나오는 것을 보면 우리나라 발명품인 것 같다. 밭일 대부분은 호미가 담당한다. 호미는 내려갈수록 좁아지며 살짝 비튼 날은 손의 힘을 날 끝으로 모으는 기능이 있다. 파내고, 긁고, 모으는 단순한 일을 쉽게 해낸다. 김매고 땅을 파낼 때마다 참 잘 만들었구나! 감탄이 절로 나온다.

미국 사람도 호미에 반했단다. 팬데믹 시대에 외출이 제한되면서 정원을 가꾸고 소규모 농사를 시작한 미국인들 사이에서 호미가 호평을 받으며 명품 농기구로 자리를 잡아가고 있단다.

밭을 갈고 씨를 뿌린 다음부터는 주로 호미를 쓴다. 땅을 파는 일은 호미보다 삽이 훨씬 능률을 올리지만, 삽을 쓸 때가 있고 호미를 쓸 때가 있다. 일을 잘하는 사람은 연장을 나무라지 않고 적소에 쓴다. 사람도 삽처럼 큰일을 하는 사람이 있고, 호미처럼 부름을 자주 받는 사람이 있다.

김을 매고 돌아서면 잡초가 걷잡을 새 없이 올라온다. 잡초를 쥐어뜨으면 인간의 숨결이 공기에 섞이기 전에 순결한 풀냄새가 난다. 호미의 도움으로 건강한 농작물이 주는 만족감이 있다.

팔십이 넘으신 옆집 할머니는 손주들 뒷바라지를 위해 시골에 있는 농토를 팔고 전세를 얻어 오셨다. 편히 사시라고 농토를 다 팔았다는데 몸에 밴 습관을 버리지 못하고 남의 밭을 얻어 오만가지를 다 심으신다. 손주들이 학교에 가면 점심과 호미가 들어간 배낭을 메고 버스를 두 번 갈아타며 밭으로 가신다.

밭을 갈면 풀이 덜 나고 쉽겠지만 비용이 만만치 않다며 심고 가꾸는 일을 오로지 호미 한 자루로 다 하신다. 호미는 굽은 등을 거부하지 않고 평생 할머니와 함께한다. 아들은 어머니 무덤에 호미를 넣어 드리겠다며 농사일을 말리지만 놀면 팔다리가 쑤시고 답답한데 밭에 가면 숨이 트이고 편하다신다. “시내를 벗어나면 공기가 달아요.” 내 손으로 가꾸니까 서울 사는 아들과 딸한테 나누어 주고도 풍족하게 먹는다며 함빡 웃으신다.

농기구가 밭의 창고에 있어 마당에 고추 모종을 내기 위해 할머니한테 호미를 빌렸다. 호미가 가볍고 자그마하다. 할머니 말씀이 땅이 넓고 평탄한 남쪽 지방의 호미는 넓적하며 큼직한데, 돌이 많고 경사진 강원도 호미는 폭이 좁고 가볍다. 하신다.

요즘은 호미도 중국제품이라 크고 무겁다. 대장간에서 만든 가볍고 자루가 짧은 호미는 만나기 힘들어서 아낀다고 하셨다. 금이 간 자루를 청색 테이프로 감아서 쓰시기에 호미를 사드리려던 마음을 접었다. 농산물은 물론 틈틈이 나물을 채취하고 알밤과 도토리를 주워서 배낭에 가득 담아 굽은 등에 얹어 오신다.

서울서 시집온 윗집 새댁은 멋쟁이다. 시골 사시는 시부모님이 수확한 농작물을 수시로 보내 주신다. 시장에서 상품화한 채소를 사 먹는 것이 안타까워 보내시지만, 누렇게 뜬 열무가 쓰레기통에 버려진 것을 보았다.

어느 날 파와 무를 안고 왔다. “우리는 채소를 많이 먹지 않아요. 슈퍼에 가서 깨끗하게 다듬어 포장한 것을 그때, 그때 사면 편하고 오히려 경제적이에요, 시어머니가 주시는 것을 안 가져올 수도 없어서 가져왔지만 반은 버려요. 어머니는 칼보다 호미를 더 많이 쓰셔요. 아픈 다리를 쭉 뻗고 김매기 하시는 모습을 보면, 광에 쭉 걸어놓은 낫과 호미를 없애고 싶어요.”

며느리는 수확량을 경제적으로만 따지고 농촌 생활과 정서를 모른다. 돈 쓰고 노는 일도 몸에 배야 가능하다. 평생 호미로 농사지으며 사셨는데 쉽게 벗어날 수 있겠나.

밭머리와 논두렁의 빈 땅만 보면 후비적대며 파고, 심어 가꾸던 유전인자가 내 몸에도 있나 보다. 먹는 것만큼 버리는 것도 많은데 날씨가 풀리면 호미를 들고 밭으로 나간다.

3월인데도 눈이 오면 새싹이 소금을 뿌려 놓은 듯 주저앉았다가도 싹이 올라오고 봄이 온다. 변덕스러운 날씨도 자연 질서의 일부분이니 욕심부리지 않고 하늘의 뜻이라 생각하면 일이 고되지 않고 운동이 된다.

갈아놓은 밭이랑에 비닐을 덮은 후 감자를 심고, 참깨, 고구마, 파, 들깨 심을 자리를 나누고 있다. 우리 집에서도 제일 큰 일꾼은 호미다.

꽃병과 꽃의 조화

오늘 봉사 장소는 기능경기대회장이다. 내가 맡은 부서는 꽃꽂이와 화훼장식 반이다. 대회 참가자들은 색, 모양, 크기가 제각각인 꽃을 한 아름씩 안고 들어온다. 한참 물이 오른 잎과 이제 막 피어난 싱싱한 꽃이 향기를 발산하고 있다. 처음 보는 꽃도 있어 꽃구경에 넋이 나갔다.

지도자 교육을 가서 꽃꽂이를 배운 생각이 났다. 수반과 꽃의 조화를 구상한 후, 진, 선, 미를 정한다. 진의 2/3 길이에 선, 선의 2/3 길이에 가장 크고 화려해 중심이 되는 꽃을 수반 지름의 1.5배 정도 길이로 잘라 가운데 꽂으면 안정감이 있다.

어느 하나가 튀지 않은 색을 배열하고 홀수로 꽂은 후 공간은 푸른 줄기와 안개꽃같이 잔잔한 꽃으로 채워 완성한다. 차분하고 화사한 안개꽃이 보조 역할을 크게 한다. 욕심이 많으면 답답해 보이고, 허술한 공간이 보이면 허약하고 시선이 분산되기 쉽다. 한쪽으로 치우치거나 흘러내리는 느낌을 주려면 진이 중심을 잘 잡아야 불안하지 않다. 좁은 공간이라면 목이 긴 병에 안개꽃을 한 움큼 꽂고 가운데 활짝 핀 장미 한 송이를 꽂아도 어울린다. 꽃병과 정이 들어야 그 멋을 터득하게 되고 연습을 많이 하고 다른 사람의 작품을 많이 봐야 눈썰미도 생긴다.

꽃꽂이를 보니까 일본 교수님 댁의 한쪽 벽면을 장식한 화병과 수반이 생각났다. 거실 한쪽 벽면 전체를 다기가 가득해서 놀랐다. 무릎을 꿇고 앉아 조상이 물려주신 병풍을 펴는데 얼마나 조심조심 펴는지, 보고 있는 사람이 숨이 막힐 지경이다. 병풍을 펴고 차 대접을 하는데 숨소리도 들리지 않을 만큼 조심한다. 일본은 지진이 자주 일어나고 무사의 나라답게 전쟁이 자주 일어났기 때문인지 찻상에는 계절과 꽃, 손님의 취향에 맞는 차를 고르고 꽃장식에 정성을 기울인다. 이승에서 마지막 인연이 될지 모르기 때문이란다.

꽃병은 꽃을 담는 그릇이지만 마음을 담는 그릇이다. 담는 사람에 따라 병이 다르고 꽃도 다르다. 허리에 찰 만큼 높고 풍성한 작품이 있는가 하면, 대접만 한 수반과 아기자기한 작품도 있다. 같은 꽃이라도 위치에 따라 느낌이 사뭇 다르니 재능이요, 솜씨라 할 수 있다.

꽃도 궁합이 잘 맞는 꽃이 있다. 꽃이 지닌 특성을 잘 알고 연습을 많이 해야 조화로운 배치를 할 수 있다. 우리 눈에는 흠잡을 때 없는 멋진 작품인데 꽃을 이리저리 옮겨 보고 길이를 조절하고, 멀리서 또는 가까이에서 보고, 꽃병을 돌리며 보고, 두 시간이 지나도록 작품 하나 완성을 위해 최선을 다한다. 자만심을 갖고 꽂으면 실패하기 쉽고, 조화롭게 색과 키를 맞추어야 멋진 작품이 탄생한다. 사람 사이에도 이와 같지 않을까?

심사를 기다리는 작품을 보면서 어쩌면 수필 쓰는 방법도 꽃꽂이와 비슷하지 않을까 하는 생각이 들었다. 꽃꽂이로 작품을 만들듯, 수필이라는 그릇 안에 주제를 구상하고 소재를 알맞게 나열해 문맥이 잘 흐르고 감동을 줄 수 있는 글을 쓰려고 노력한다. 꽃을 옮기듯 단어와 문장을 옮겨 보고 살을 붙이거나 가지를 쳐내며 퇴고를 여러 번 해야 좋은 글이 된다. 단문 연결이 잘되어야 술술 읽힌다.

미적 감각이 뛰어나고 개성이 뚜렷해 어떤 것이 상을 받을지 봉사자들끼리 점을 쳐보는 일도 재미있다. 풍성하고 화려한 작품보다 힘 있는 나뭇가지와 함께 세 송이를 단출하게 꽂은 작품이 산뜻해서 자꾸 눈이 간다. 진솔한 남자 손끝에서 나온 작품이라 더 정이 가는가 보다. 내가 점찍은 작품이 1등에 당선되어 강원도 대표로 전국 기능대회에 참석하였으면 좋겠다. 작품에 쓰고 남은 꽃을 한 아름 얻어 안고 오는 발걸음이 가볍다. 오늘 입상한 작품을 흉내 내볼 참이다.

농산물 도둑이 제일 나쁘다

퇴직 후 전원주택을 짓고 살려는 꿈을 안고 조그마한 밭을 장만하였다. 나이 들수록 병원과 시장 가까운 곳에 살아야 한다는 조언도 있고, 시골 인심도 예전 같지 않고 텃세가 심해 엄두를 못 내고 농사를 짓는다.

농사를 지어 본 경험이 없으니 시기에 맞게 심고 가꾸는 일이 버겁다. 힘은 남들보다 더 들이고도 소출은 적다. 실하지 않지만, 무공해 채소를 나누어 먹는 재미가 있어 휘발윳값과 종잣값을 따지지 않는다. 일이 힘들어도 맑은 공기를 마시며 흙의 기운을 받아서인지 자고 나면 거뜬하게 밥 한 공기를 비울 수 있기에 운동이라 생각한다.

자연히 손이 덜 가는 고구마와 들깨, 더덕과 도라지를 심었다. 뿌리식물은 뿌리에 영양분을 저장하기 때문에 낙엽이 진 후부터 새싹이 나올 때가 연하고 맛있다.

땅이 녹자, 밭 주변 정리를 하고, 더덕도 몇 뿌리 캐다가 반찬을 하려고 호미를 들고 나섰다. 이게 웬일인가! 더덕밭이 벌겋게 파헤

쳐져 골을 이루며 한 뿌리도 남아 있지 않고 사라졌다.

몇 뿌리 캐다 먹고 싶었지만, 캔 자리가 나면 손이 탈것 같고, 해를 거듭할수록 굵어져 아끼던 더덕이다. 듬성듬성 지주대를 세우고 삼 년 동안 풀 뽑고 가꾼 공을 생각해서 맛이라도 보게 몇 뿌리 남겨둘 것이지. 들인 공을 생각하니 억울하여 나도 모르게 오뉴월 서릿발 같은 저주가 튀어나왔다.

누렇게 익은 호박이 대견하여 짚으로 똬리를 틀어 얹어 놓고 왔는데 다음 주에 가보면 감쪽같이 사라졌고, 익은 고추를 따려고 자루를 가지고 가면 이상하게 적어 보일 때가 있다. 고추 하나 호박 하나가 저절로 크겠는가! 농부가 흘린 땀의 결정체가 아닌가!

한적하면서도 큰 도로변이라 손을 타지만 호박이나 고추가 계속 열려 우리 식구가 먹고도 남을 만큼 되니까 누군가 가져다 잘 먹었거니 하며 마음을 비웠다. 다음 주에 가면 주렁주렁 열려서 섭섭한 마음이 드는 것도 잠깐이다.

농사철에 집을 비우고 들에 나간 사이 갈무리하여 둔 농산물을 도난당한 뉴스가 나오고, 고추 몇 개 따러 남의 밭에 몰래 들어갔던 사람이 울타리에 쳐 놓은 전선에 감전이 되어서 죽는 사건도 있었다.

야생동물들의 침입을 막기 위해 쳐 놓은 전기 울타리지만, 한편 오죽하면 고추밭까지 전기 울타리를 설치해야 하나! 주인의 심정을 이해 못 하는 것도 아니다. 세상인심이 너무 각박해진 것 같아 씁쓸하다.

예전에는 흠집이 나서 상품 가치가 좀 떨어진 과일이나 채소는 이웃과 나누어 먹었다. 아이들이 어울려 참외 서리를 하다가 들켜도 "어떤 놈이냐." 호령 소리에 줄행랑을 치면 그뿐이었다. 한동네에서 낳고 자란 아이들이라 멀리 있는 뒷모습만 봐도 누구인지 알 텐데, 경찰서에 신고하거나 과일값의 몇 배를 물리는 일은 없었다.

아무르강을 끼고 순록과 양을 치는 유목민들은 욕심이 없이 자연과 더불어 살아간다. 양쪽을 이어서 그물을 넣어 두었다가 얼음이 얼었을 때 구멍을 깨고 그물의 끝을 잡아당기면 펄떡이는 물고기들이 그물 가득 올라온다. 필요한 만큼만 큰놈으로 가져가고 다시 강으로 돌려보낸다.

강은 삶의 터전이기 때문에 신이 허락한 만큼만 취해야 다음 세대까지 풍요롭게 살 수 있단다. 두릅이 크기도 전에 곁가지마저 따내어 고사시키고 산채의 뿌리까지 싹쓸이하는 우리와는 다르다.

농산물은 알맞게 일기를 준 하늘의 공이 크지만 시기에 맞게 씨를 뿌리고 수확할 때까지 흘린 땀의 결과물이다. 농사짓는 일이 얼마나 힘든지 경험해 본 사람이라면 벌레가 먹었다고 함부로 버리지 못한다. 좋은 것은 팔거나 나누어 주고 하찮은 것만 차례가 와도 만족한다.

예로부터 배가 고파 먹을 것을 훔치는 것은 용서가 되었고 이웃과 나누어 먹던 정이 있어서인지 농산물 도둑은 가볍게 생각하는 경향이 있다. 죄가 가볍고 무거운 도둑이 어디 있겠나. 금전적인 손해를 따지기에 앞서 땀 흘린 시간과 열정까지 송두리째 앗아간 나쁜 놈이니 농산물 도둑은 더 엄히 다스려야 한다는 생각이 들었다.

텅 빈 밭에 무엇을 심어야 할까? 이 이제는 그나마도 그만두어야 할 때가 온 것 같아 섭섭하다.

호수가 부른다

춘천은 어느 방향으로 가도 산이 있고 물이 있다. 수채화 같은 풍경이 펼쳐진 강변 산책길은 답답한 일상에 활력소가 된다. 호수와 보트가 어우러진, 수채화 같은 풍경, 커피 향…. 낚시가 취미라는 남편의 말에 반해 춘천으로 시집왔다. 주말마다 낚시 가방을 메고 떠나는 맛에 서울 생활을 벗어난 무료함을 달랠 수 있었다.

소양호 굽이굽이 맑고 깊은 물은 사계절 낚시꾼들을 불러 모은다. 입질이 없으면 어떻나. 해 질 녘이면 수면을 차고 뛰어오르는 은빛 물결, 새소리, 매미 소리 곤충들의 노래는 몸속에 쌓였던 찌꺼기를 씻어 낸다. 꽁꽁 언 얼음 위에 앉아 팔딱이는 빙어를 끌어올리는 맛도 일품이다. 손이 얼어도 줄줄이 딸려 오는 빙어를 포기할 수 없다. 동기간한테 택배로 보낸 빙어튀김은 단연 인기다.

밑밥을 뿌리면 잔챙이들이 바글바글 모여들고 수초 밑에는 산란을 위해 팔뚝만 한 잉어들이 무도회를 펼친다. 일렁이는 물결을 보는 것만으로도 힐링이 된다.

원하는 위치에 찌가 반듯하게 놓였을 때의 쾌감! 약은 놈은 떡밥만 따먹고 달아나 번번이 헛챔질하지만, 큰 놈이 걸려들기를 기다린다. 조급하면 고기를 쫓고 너무 여유를 부리면 미끼만 잃는다.

피라미는 찌를 톡톡 건드려 약을 올리는데 붕어와 잉어는 입질도 신사적이다. 씨알 굵은 놈이 찌를 쑥 올리는 순간에 숨을 멈추고 잡아채면 손에 전해지는 팽팽한 힘은 온몸을 휘돌아 가슴이 뛰게 한다. 큰 놈과의 싸움은 느긋해야 성공한다. 배스가 토종물고기를 잡아먹어 생태계를 파괴한다고 아우성쳐도 육식성이라 힘이 좋아 손맛만큼은 그만이다.

밤낚시를 해야 밤에 활동하는 큰 물고기를 잡을 수 있다. 해를 넘기며 강에서 뭉실뭉실 피어오른 안개가 촉촉이 대지를 적시고 바람을 잠재운다. 안게는 커피 향을 오래 머물게 해준다.

추억은 우려내고 곱씹어도 질리지 않고 이야깃거리가 되고 체험은 지혜와 자신감을 더해준다. 아이들은 가끔 조교리 부근으로 낚시를 갔던 일을 화제로 삼는다. 소양댐 배 터에는 소양호 구비 마다 자리 잡은 주민을 위해 호수를 도는 배가 있다. 집이 양지바른 곳에 한두 채씩 있지만, 주인은 임산물을 채취하러 산으로 가고 고삐 풀린 소가 산기슭을 어슬렁거린다. 이용 수단이 배 밖에 없어 도둑맞을 걱정을 안 한단다.

마을 사람들은 첫배로 농산물과 임산물을 가지고 나와 시장에서 팔고 생필품을 사서 오후 배로 들어간다. 배 안은 사랑방이다. 농산물을 포장하거나 산나물을 다듬고 있어 나물을 사면 개시라고 한 단을 더 얹어 준다. 가끔 기관사에게 옥수수나 알밤을 나누어 주고, 서로 짐을 들어 올리는 순박한 산촌 인심도 정겹다.

아이들은 숲에 사는 곤충과 야생화는 물론 모든 게 관심의 대상이고 놀잇감이다. 스르르 뱀이 지나가 기겁했고, 나무 위에 있는 새 둥지를 구경하다가 어미 새의 공격을 받아 나뭇가지를 꺾어 휘두르며 쫓기던 이야기를 한다.

어느 날은 자리를 잡고 낚시하는데 점점 흐려지더니 빗방울이 떨어지고 바람이 불었다. 배 시간은 한 참 남았는데 점점 추워져서 돗자리로 바람을 막고 신문지를 쓰고 겨우 라면을 끓여 먹었다. 노숙자들이 신문지를 덮어서 얼마나 추위를 피할까 생각했는데 의외로 신문지가 바람을 막아 주고 따뜻했다.

예전부터 흉년이 들면 산으로 가라 했는데, 호수와 산은 한 번도 빈손으로 보낸 적이 없다. 지루하면 산으로 올라가 나물 뜯고 도라지, 더덕을 캐고 도토리와 밤을 주우며 시간을 보낸다. 자연은 사계절 먹을 것을 제공한다.

바람이 불고 소나기가 퍼붓는 변덕도 자연이 질서를 지키기 위한 한 부분이다. 잎을 떨군 나무들은 북서풍에도 당당하다. 내년을 준비하는 잎눈과 꽃눈을 보며 자연에서 살아가는 지혜를 배운다.

텐트에 누우면 하늘이 내려와 내 몸을 덮고 나무와 들꽃 냄새가 내 영혼을 맑게 씻어준다. 일출 때 보는 소양호의 안개가 해를 껴안아 선계에 든 착각을 일으킨다. 하늘과 숲, 호수가 푸르다. 푸른 기운이 온몸에 스며 머리가 맑아지고 가슴은 잔잔한 호수가 된다.

어느 계절이나 포근하다.

조용하고 깨끗한 호수가 낚시꾼들을 부른다. 어망이 비어도 세상 시끄러운 소리 들리지 않는 호수에서 보내는 하루는 힐링이 된다.

빨랫줄에 걸린 추억 한 자락

발행일 2024년 4월 15일

지은이 장희자

발행인 강병욱
발행처 도서출판 교음사

03147 서울 종로구 삼일대로 457 수운회관 1308호
Tel (02) 737-7081, 739-7879(Fax)
e-mail : gyoeum@daum.net
등록 / 제2007-000052호

* 잘못된 책은 바꿔 드립니다. 값 13,000원

ISBN 978-89-7814-979-2 03810

- 이 책은 강원특별자치도, 강원문화재단 후원으로 발간되었습니다.